アンチエイジング フェイスニング

2週間で驚きの輪郭・肌に生まれ変わる

美容医学研究所「ソシエテヴィザージュ」代表
表情筋&美容研究家
犬童文子

10年前の顔をとりもどす!

青春出版社

はじめに

「いつまでも若々しく魅力的な顔でいたい」そんなあなたに朗報です。顔の内側に眠っている「表情筋パワー」を呼び覚ますフェイスニングは、どんな方にもぴったりのアンチエイジング法といえます。ほんのちょっとの努力であなたの見た目年齢を若く保つことが可能なのです。

私の主宰する「フェイスニング教室」の受講生、「フェイスニングＤＶＤ」、そして任天堂ＤＳのソフト「大人のＤＳ顔トレーニング」の実践者によって劇的な効果が証明されています。

また、フェイスニングは２０１０年に英語・フランス語・ドイツ語・イタリア語・オランダ語に翻訳され、海外デビューを果たしました。いまでは、国籍・人種を越えてたくさんの方が実践、大変喜ばれています。

さあ！　今日からあなたも「フェイスニング」でアンチエイジングをはじめましょう。

本書は、アンチエイジングについて具体的な方法を紹介しました。素肌がキレイになり、表情も豊かになって、自信がつくこと間違いなしです！

犬童文子

２０１１年１月

10歳若返る！ フェイスニング劇場

さあ！ フェイスニング！
一緒にはじめましょう！

時間がないときは

これだけでもＯＫ！ 全顔フェイスニング

目を軽く閉じ、唇をとがらせ気味にして、顔中の筋肉をジワーッと中心部（鼻の頭あたり）に集めます。次に、再び目を軽く閉じた状態に表情を戻します。

眉を引き上げ、鼻の下を引き下げて、顔をタテに最大限に伸ばしていきます。次に、ゆっくりと自然の表情に戻します。

10年前の顔をとりもどす！　アンチエイジ　フェイスニング目次

第1週目

まずは表情筋をくまなく動かす！
基本フェイスニング 35

第2・3週目

パーツ別に悩み解消！
応用フェイスニング 47

第3章

スキンケア、食事、生活…美肌はこうしてつくる！
フェイスニング美人の習慣術 81

カバー・本文イラスト☺土志田ゆりか
DTP☺ハッシィ
編集協力☺乾夕美

第1章

表情筋が目覚めれば、肌はどんどん若返る！

たるみ、くすみ、シワ…顔の運動不足が原因です！

“フェイスニング”——
耳慣れない言葉ですが、
ひと言でいうなら、
顔の筋肉を鍛える美容法です。
では、鍛えた顔の筋肉は、
いったいどんな風に変わって、
見た目にどんな効果が表れるのか。
実際にフェイスニングを始める前に
皮膚の下で繰り広げられる変化について
わかりやすくお話しします。

表情筋を鍛えれば顔立ちも肌も若返る！

老け顔になる最大の原因…それは表情筋の衰えだった！

鏡に顔を近づけてニッコリ笑うと目もとに小ジワ。たるみが目立つようになる頬やフェイスライン…。「ああ、年とってきたなぁ」と感じる瞬間は誰にでもあるものです。ひと昔前ならこうした老化現象は、〝年齢のせい〟とあきらめて受け入れるのが普通でした。

でも、今の時代は〝アンチエイジング（抗加齢）〟学というものがあります。**年はとっていくけれど、老化を手入れと努力で遅らせて、若々しくあり続けよう**という考え方です。

美容の分野では、アンチエイジングをかなえる身近なものとして化粧品が挙げられます。最新の研究によって次々に新しいアンチエイジング・コスメが世に送り出されています。また、プロの手を借りるエステや美容整形という方法を試す場合もあるでしょう。

ここで、基本に立ち返って考えてみましょう。そもそも、顔はなぜ年齢とともに老けていくのでしょうか。

試しに下を向いた顔を鏡に映してみてください。目元はしょぼん、頬はデレーンと下がった思いもよらぬ老け顔に、「エ〜ッ、ショック！」と驚かれた方が大半のはず。では、今度は逆に、上を向いた顔を映してみてください。肌がピンと張ったハリのある、「20代⁉」と見まがうような若々しい顔がそこにはあることでしょう。

これは顔の老化現象が、肌の表面上のことだけが原因で起こるのではなく、顔の筋肉と深い関わりがあることを如実に示しています。年齢と共に衰え、**重力に負けてたるんだ顔の脂肪や筋肉が、流動的になり、顔の向きに合わせて動いてしまっている**のです。

なぜ、顔の筋トレが必要か

そもそも顔に筋肉があること自体、あまり知られていないことかもしれませんが、**実は顔には30数種類の筋肉があります。**大きく分けると、食べ物を噛む時に使う〝咀嚼《そしゃく》筋〟と、様々な表情を作り出す〝表情筋〟の2つです。ところが**実際に使われているのは、そのうちの20〜30％程度に過ぎません。**例えば、笑う時には口や頬、目の周りにあるいくつもの筋肉を使うといった具合です。ですから、**顔の筋肉は慢性的な運動不足**です。普段からあまり感情を表に出さない人、むっつりとした顔をしがちな人というのは、さらに顔の筋肉を動かす機会が少なく、使う筋肉が偏っているといえるでしょう。運動不足になった筋肉はどうなるか、わかりやすいように体を例にとって考えてみましょう。

いわゆる〝メタボ〟でお腹周りが気になってきた人が継続的に腹筋を鍛えると、お腹の出っ張りは徐々に解消していきます。これは衰えていた筋肉がトレーニングによって筋力を取り戻し、お腹周りについた脂肪をしっかりと支えられるようになったからです。

顔の筋肉にも同じことがいえます。**顔にたるみやゆるみが目立つようになったのは、表情筋が衰えたため。**

それならば、目や口元を支える筋肉を鍛えて下垂を食い止めよう――この考え方に基づき、解剖学と科学的見地から、私が研究開発したのがフェイスニングです。**フェイスニングは顔の筋肉を意識的に動かして鍛えるという、お金をかけずに誰にでもできるシンプルなアンチエイジング法です。**では、フェイスニングを行うことで、具体的にどのような効果が期待できるのかお話ししましょう。

フェイスニングの効果① 憎き顔のたるみをなくす！

「25歳はお肌の曲がり角」というのは美容界の定説ですが、筋肉の場合はそれよりも早く、20歳頃を境に老化が始まります。

使わないでいると筋肉はだんだん衰えて細く硬くなり、表情筋のすぐ上にある脂肪は支えをはずされたような状態になります。同時に皮膚も衰えてくるため、顔の脂肪は重力の影響と相まって下に下がりやすくなるのです。これがたるみの始まりです。

でも、その反面、筋肉は年齢に関係なく使えば使うほど発達するという面も持ち合わせています。これは１８００年代にドイツの解剖学者ウイルヘルム・ルー（１８５０〜１９２４）が発表した『ルーの法則』です。これにのっとって考えれば、一度硬くなった筋肉でも、再度鍛えることで、顔の老化を遅らせることができ、もっといえば、何歳からでも若い頃の状態に戻すことが可能なのです。

フェイスニングによって筋力を増した表情筋は弾力を取り戻し、脂肪やたるんだ皮膚を持ち上げられるようになります。また代謝が高まって余分な脂肪はエネルギーとして消費されやすくなるので、シャープなフェイスラインを保ち続けられるというわけです。

フェイスニングの効果② キラキラ輝く美肌をつくる!

肌のコンディションは毎日微妙に変化し続けるものです。前日、寝不足だとクマやくすみが目立つ、不規則な生活が続くと全体的に荒れ気味になるなど、化粧品によるスキンケアだけでは防ぎきれない不調も出てきます。

フェイスニングでは**表情筋を鍛えて弾力を取り戻すことにより、肌の新陳代謝を高めて若い肌を作ることができます。**そのことをお話しするために、まず肌のしくみを簡単に説明しておきましょう。

人間の皮膚は、外側から表皮《ひょうひ》・真皮《しんぴ》・皮下組織《ひかそしき》（脂肪層）の3層から成っています。表皮はわずか0.1~0.3ミリですが、この中にさらなる層を構成しています。私たちが普段目にするのは、一番外側にある角質層と呼ばれる部分で、水分をため込んで肌のみずみずしさを保ち、内側の層を守る働きをしています。

また、表皮の一番下の層（基底層）では、母細胞と呼ばれる細胞から新しい細胞が次々に生み出されています。新しい細胞は徐々に角質層へと押し上げられ、最後は垢としてはがれ落ちていきます。これが肌のターンオーバーです。

ターンオーバーをスムーズに繰り返すことが美肌の基本。そのためには母細胞が健康でなければなりませんが、**大切なのは血流を良くすることです。**血液には酸素や栄養素を全身の細胞に送り出し、老廃物や二酸化炭素を運んで排出

■肌のしくみ

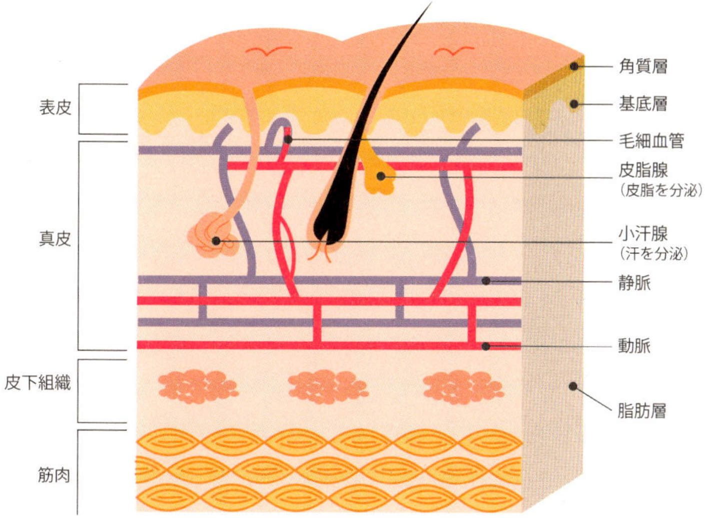

させるという重要な役目があるからです。血流が悪くなれば、酸素や栄養素が母細胞に届かず、新しい細胞をうまく生み出すことができないために、ターンオーバーが順調にいかなくなります。

すると新陳代謝も悪くなり、古い角質ははがれ落ちず、くすみやごわつきといった肌トラブルの原因になるのです。

反対に血流が良くなれば、肌の細胞ひとつひとつが活性化して新陳代謝が高まり、肌の透明感も出てきます。

どんな高価な化粧品も、肌の真皮より奥には届きません。だからこそ、美肌のためには何よりも、筋肉を鍛えて柔らかく保ち、血液を送り込むポンプとしての役割をしっかり果たしてもらう必要があるのです。

フェイスニングの効果③　いつでも好印象！　表情美人になる！

たるみを引きしめ、美肌に磨きをかけるアンチエイジング効果に加え、フェイスニングを続けることによって、**健康的でイキイキとした魅力的な表情が作れるようになります。**

そもそも表情とは、生まれながらに備わっているのではなく、成長する過程で習得していくものです。

生まれたばかりの赤ちゃんは、お世話をしてもらいながら、幸せそうにほほ笑むお母さんの顔を見て、笑顔を習得していきます。発達が進むと、自分をあやしてくれる人の表情を真似るようになります。

さらに成長し、多くの人と接するうちに様々な表情のバリエーションが自然に増えていきます。

しかしながらますます核家族化が進み、テレビゲームやパソコンなど相手を必要としない遊びに変わった現代では、たとえ小さな子どもであっても思い切り感情表現をしたり、心から感動するといった経験が昔よりだいぶ少なくなっています。

大人もさまざまなストレスや人間関係の中で、感情を押し殺して顔をゆがめてしまったり、心に抱いた思いを表に出さないようにしたり。そんなことを続けているうちにいつの間にか〝クセ〟となり、不自然な表情やつくり笑いしかできないということになりかねません。

このようなゆがんだ表情がパターン化してしまったら、普段使われない表情筋の弾力性はどんどん失われ、硬く縮まってしまいます。

日ごろ運動をしない人が急にスポーツをしようとしても思うように体が動かないのと同じように、日頃から無表情な人には、急にステキな笑顔は作れないものなのです。

人を決めるのは外見ではなく中身だという考え方があります。しかしながら、第一印象が大切だという見方もあります。

顔の造作とは別に、第一印象で人を惹きつける顔、好印象を与える顔というのは確かに存在するのです。それはシャープで引き締まった表情かもしれないし、目ヂカラがあるイキイキした顔かもしれません。そうした顔は人間関係や仕事面でもプラスになるはず。まさに良いことずくめです。

そしてフェイスニングは、そういったプラスの印象を相手に与える顔づくりに必ず役に立つのです。

表情筋のほとんどは自分の意思で動かせます。フェイスニングをしないなんて、とてももったいない話だと思いませんか。

イメージすれば、効果アップ！知っておきたい表情筋のメカニズム

顔には頭のてっぺんからあごの先にいたるまで、大小さまざまな筋肉が張り巡らされています（左ページ参照）。

たとえば目の周りを見てみましょう。実に6種類もの表情筋があり、それぞれに大切な役割を担っています。まばたきをするという動作ひとつとっても、目の周りを囲む『眼輪筋《がんりんきん》』や上まぶたにある『上眼瞼部《じょうがんけんぶ》』、眼球をドーナツ状に囲む『眼窩縁《がんかえん》』など、いくつもの表情筋が同時にすばやく働くことで実現できています。喜怒哀楽の表情を表すときには、さらに多くの表情筋が複雑に組み合わさり、微妙な感情を表現します。つまり、表情筋は単独で動くことはごく稀で、協力しあったり反発しあったりしながら、共同作業をしているのです。

表情筋のつき方を知ることが成功の秘訣

シワやたるみを減らして若々しい顔を取り戻したり、ゆがみを直して表情美人になるためには、とにかく筋肉を動かさなくてはなりません。普段の生活で

■顔の筋肉

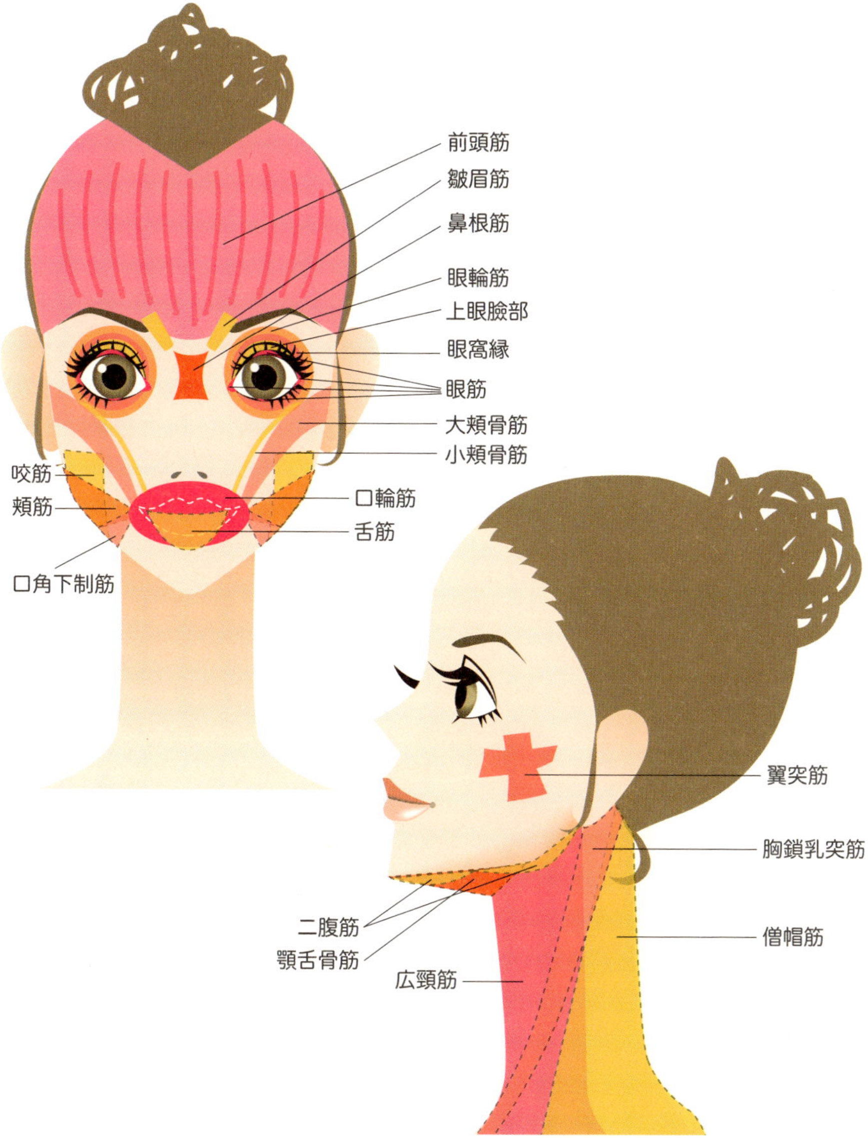
前頭筋
皺眉筋
鼻根筋
眼輪筋
上眼瞼部
眼窩縁
眼筋
大頬骨筋
小頬骨筋
咬筋
頬筋
口輪筋
舌筋
口角下制筋
翼突筋
胸鎖乳突筋
二腹筋
顎舌骨筋
僧帽筋
広頸筋

はほとんど動かすことのない筋肉もありますから、「どこに、どのようについている筋肉を、どう動かせばよいのか」を知ることがフェイスニングの第一歩です。とりあえず動かしていればいいのだろうと、やみくもに顔を動かしても、決して良い結果は得られません。

筋肉には〝走向《そうこう》（流れ）〟があり、それに反する動きをするとかえって逆効果になってしまうこともあるのです。自分が今からしようとしているエクササイズは、顔のどの筋肉を鍛えるものなのか、必ずイラストで確認しながら行いましょう。

また、目的の筋肉をすみずみまでしっかりと動かすためには、一つ一つのトレーニングをゆっくりと行うことが絶対条件。伸ばす動きではこれ以上伸びないところまで伸ばす、縮めるときもジワ〜っとめいっぱい縮める。その繰り返しによって、普段している表情では使わない筋肉にも刺激を与えることができるのです。

実践編でご紹介するどのフェイスニングにも、しつこいくらいに「ゆっくりと」とか「5秒かけて」と説明があるのはそのためです。

筋肉の位置をイメージしながら、ゆっくりと動かす。フェイスニングの基本ルールとして覚えておいてください。

第2章

うれしい効果を毎日実感！

【実践】アンチエイジ・フェイスニング

いよいよフェイスニングの
実践に移ります。
といっても、用意するのは顔全体が映る
鏡だけ。
特別な道具や着替え、化粧品は必要なく、
身ひとつでできて、お金もかかりません。
気軽な気持ちで、
さぁ、今日からさっそく
スタートしましょう。

本書の効果的な使い方

表情筋のしくみがわかったら、さっそくフェイスニングの実践です。効果を早く実感するための、基本的なプロセスをご紹介します。

①ウォーミングアップ（P.24〜29）

まずはウォーミングアップです。全身の筋肉を緩めてリラックスさせることで、表情筋を十分に動かせるようになります。また、正確に筋肉を動かすために「意識付けフェイスニング（P.31）」も取り入れましょう。

②基本フェイスニング（P.36〜45）

表情筋をくまなく動かすために初めてでも比較的動かしやすい筋肉を鍛えます。まずは1週間、できれば15分かけて行いましょう。

③応用フェイスニング（P.48〜77）

2週目からは悩み別に15種類のフェイスニングをご紹介。特に重点的に鍛えたい部分の運動を選び、基本フェイスニングにプラスして行ってください。フェイスニングに慣れてきたら、基本・応用フェイスニングの中から5つ以上の運動を選んで、オリジナルプログラムを作ってもよいでしょう。

クールダウン（P.32）

毎日、フェイスニングの後に行いましょう。

ウォーミングアップ

体のウォーミングアップ（P.24~27）
顔のウォーミングアップ（P.28~29）
意識付けフェイスニング（P.31）

基本フェイスニング

目	口	頬	あご	首
（P.36）	（P.38）	（P.40）	（P.42）	（P.44）

応用フェイスニング

目…①眼筋　②眼輪筋　③眼輪筋 眼窩縁
口…④大頬骨筋　⑤舌筋
頬…⑥小頬骨筋
あご…⑦翼突筋　⑧二腹筋　⑨顎舌骨筋
首…⑩胸鎖乳突筋　⑪僧帽筋
額…⑫皺眉筋　⑬前頭筋 後頭筋
鼻…⑭鼻根筋
デコルテ…⑮口角下制筋

フェイスニングの後には **クールダウン** を忘れずに！

体のウォーミングアップ(立って行う場合)

1

足を肩幅の広さに開き、腕を後ろ手に組みます。背筋をグッとそらせて胸を張り、腕も後方に引っ張るようにしてストレッチします。この動作を２回繰り返し、縮こまりがちな体を伸ばしましょう。

2

上半身を前に倒して折り曲げながら、腕を上に向けて上がるところまで上げ、肩と腰を気持ちよく伸ばします。この動作を２回繰り返します。

3

両手を後ろで組んだまま、上体をゆっくりと起こします。組んだ手をお尻の下に持ってきて、背筋を伸ばします。フッと力を緩め、この動作をもう１度繰り返します。

4

手をお尻から外して、両手は後ろで組んだまま右に振り、上体は左側に傾けます。反対側も同様に。体が振り子になったイメージで、左右交互に２回行います。

5

かかとはつけたまま腕を思い切り上に伸ばして、手の平を上に向けて両手を組みます。上体をゆっくりと左右交互に傾け、体側をよく伸ばします。2回繰り返します。

6

上体をまっすぐに戻したら、今度はかかとを上げ、上に向けてグンと伸びをします。いったんかかとを下ろしてからもう1度繰り返します。

7

膝に手を当てて屈伸運動を2回行います。

8

手を当てたまま膝を揃え、両脚を左右に3回ずつ回します。

体のウォーミングアップ（座って行う場合）

1

肩の力を抜き、両手を後ろで組みます。両肩を後ろに3回、前に3回、ゆっくりと回します。

2

手をほどいて体にそわせ、自然にたらします。顔を下に向けながら、両肩をゆっくりと上に引き上げます。両肩が上がりきったところで、ストンと肩の力を抜き、顔を正面に戻します。この動作を3回行います。

3

手の平を上に向けて右腕をまっすぐ前に伸ばし、左手を使って小指から順番に1本1本反らします。左腕も同様にします。

4

胸の前で合掌し、肘を張って手の平同士で押し合いながら、首をゆっくりと下に向け、首の後ろを伸ばします。顔がすっかり下向きになったらスッと力を抜いて、顔も正面に戻します。3回繰り返します。

5

手の平を上に向けて頭の上で両手を組み、腕をできるだけ上に伸ばします。そのままの姿勢で胸を反らせて後方に伸び上がります。できるだけゆっくりと行いましょう。

6

手を膝に置き、背筋を伸ばしたまま首をゆっくり右に傾けます。5つ数える間キープし、左側も同様に行います。交互にこの動作を3回繰り返します。

①首を右に傾け、下を通って左側に180度回します。反対も同様に。

②首を右から左へ、後ろを通って180度回します。反対も同様に。

③まっすぐ下を向き、右回しで180度動かします。左回しも同様に。

④上を向き右回しで180度動かします。左回しも同様に。

①〜④をそれぞれ3セットずつ行ってから、左右交互に3回ずつ首を回します。

7

肩をゆっくり引き上げてストンと落とす動作を3回繰り返します。

8

両足を揃えて床と水平になるまでゆっくりと上げ、つま先を伸ばします。足首を曲げてつま先を上に向け、2つ数えて元に戻します。次に足を少し開いて両足首を内外に3回ずつ回します。足首を回す動作を3セット終えたら完了！

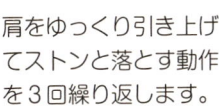

顔のウォーミングアップ

1

軽く目を閉じ、顔の筋肉を全て緩めます。額→頬→口の周り→あご→首の順に、徐々に意識を移しながら表情筋の緊張を解いていきましょう。頭のてっぺんから水が流れ落ちていくようなイメージで力を抜きます。

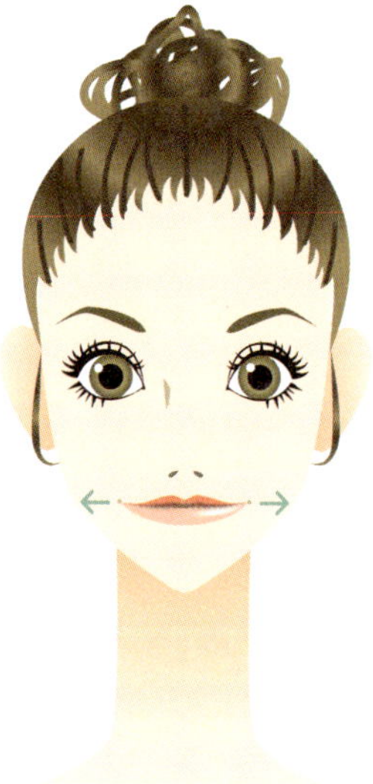

2

ゆっくりと目を開け、口を軽く閉じて口角を真横に引いていきます。口角は上げず、結んだ唇がまっすぐになるよう気をつけて。

3

真一文字の口を、今度はゆっくりとすぼめて前に突き出し、おちょぼ口を作ります。5秒キープしたら、ゆっくりと自然な状態に戻します。

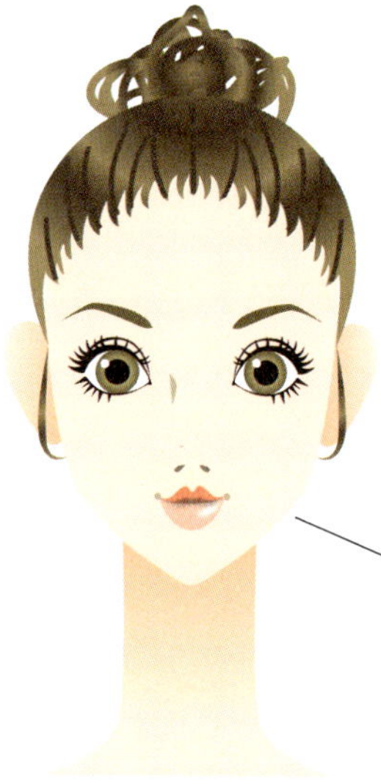

おちょぼ口をキープ

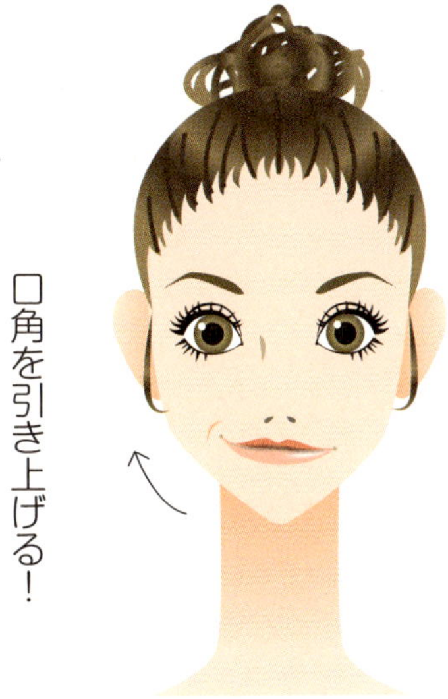

4

口角を左右交互に上に向かって引き上げ、元に戻します。最初は左右均等に動かすのは難しいかもしれません。慣れてくるとスムーズにできるようになるので、焦らずに続けましょう。

5

ゆっくり大きく口を動かしながら、「あ·え·い·う·お」と声に出します。ただ口をあければいいのではなく、顔の筋肉を意識しながら動かすことが大切です。

筋肉を意識して正確に動かす――これがフェイスニングの最大のコツ

顔のウォーミングアップが済んだら、さっそくフェイスニングの実践といきたいところですが、これまで使っていなかった筋肉を動かすわけですから、思いのほか難しく感じる場合もあります。

手足と同様、顔にも〝利き顔〟があるので、例えばウインクをするときなど、片側はできるのに、反対側はうまくいかないということもあるでしょう。

そこでウォーミングアップの後、この「意識付けフェイスニング」をしてみましょう。フェイスニングは特定の表情筋だけを動かすトレーニングですから、動かしたい部分に意識を集中することがとても大切なのです。正しく行っているつもりでも、意識しないで動きを真似しているだけでは、肝心の筋肉が動かせていないということもありえます。これでは効果は出せません。

左ページのフェイスニングは、読んで正しいやり方を頭で理解し、その通り**正確に筋肉を動かす意識付けの練習です。**フェイスニングに慣れるまで、ウォーミングアップの後に組み込んでください。

意識付けフェイスニング…ウォーミングアップの後に

舌を少し突き出し、上下の前歯で軽くはさみます。他の表情筋を動かさないためなので、力は入れず、舌に添える程度に。
右目の上まぶたをゆっくりと下げ、ウインクをします。このとき左目が閉じてしまっても気にせず、意識は右目に集中したままにします。左目も同様に。

ウインクがうまくできない場合は…

ウインクする側の目の筋肉に意識を集中させるため、反対側の目を手で軽く覆います。一緒につむってしまってもOK。

クールダウン…フェイスニングが終わった後に

1

額の中心に両手の指の腹を置き、両端に向けてポンポンと軽くタッピングしていきます。
次は頬骨の上から下に。さらに耳の下からあごに向かって。筋肉のリラックスのためには軽いタッチがよいので、指の腹でするようにしましょう。目の疲れをとる左右の眉頭のいちばん内側やこめかみのやや目尻寄り、うなじの外側のくぼみ、左右の耳からの延長線と鼻の延長線の交わる点などのツボをプッシュするのも効果的。

2

中に空気をためる感じで両手を軽く組み、左右の肩を交互にトントンと叩きます。回数に特に決まりはありません。自分が心地よいと感じる程度で。

3

背筋を伸ばしたまま、頭をゆっくりと前に倒し、ゆっくりと元の位置に戻します。今度は後ろへゆっくりと倒し、ゆっくり元に戻します。これを３回繰り返して。次は右へゆっくり倒してから戻し、左へ倒してから戻す動きを３回。最後に頭を右回転、左回転させたら、正面で止めて顔をまっすぐ上げます。

フェイスニングを成功させる 6つのポイント

1．身も心もリラックスさせてからスタート

　フェイスニングは硬くこわばった筋肉に弾力性を取り戻し、柔らかくするのが目的です。緊張して体がこわばった状態では、効果は期待できません。自分が落ち着いて、心穏やかになれる環境を整えましょう。アロマテラピーやお香など香りでリラックスしたり、静かな音楽をかけるのもオススメです。

2．鏡の前で動きを確認する

　筋肉を正しく動かさないと、せっかくのフェイスニングが逆効果になってしまうことがあります。正しい動きをマスターするまでは、ぜひ鏡を見ながら行ってください。できないときに手を補助的に添えたりすることもあるので、手鏡ではなく、テーブルなどに置いて使えるタイプがベター。洗面所などの大きな鏡の前が一番ですが、顔全体がしっかり映る大きめのものが良いですね。

3．目的の筋肉をしっかりと意識する

　体のトレーニングと一緒で、ただなんとなく動かしているのと、特定の筋肉に意識を集中してやるのとでは、効果に大きな差が出ます。始める前にイラストを見てどこの筋肉を動かすのかを確認し、その筋肉をしっかりとイメージしながら行いましょう。

4．ゆっくり、ジワーッと伸ばして縮める

筋トレはゆっくり伸ばしてゆっくり縮めるという一連の動きの繰り返し。これによって鍛えられ、弾力性もアップしていきます。フェイスニングもまったく同じで、ゆっくりと伸ばして縮めることが原則。キュッと縮めてパッと伸ばすといったやり方では、効果は得られません。頭の中でカウントしながらやることを忘れないでください。

5．最低５種類＆毎日15分を日課に

１～２週間で効果を実感したいなら、できれば５種類以上のフェイスニングを15分を目安に行いましょう。最初は思い通りに動かせなくても、とにかく毎日続けることが効果に結び付かせるコツです。時間帯はライフスタイルでムリなく行える範囲で、特に決まりはありませんが、オススメは入浴後。リラックスして筋肉もほぐれているからです。

6．頑張り過ぎ、やり過ぎはＮＧ

まったく動かしていなかった筋肉を動かすのですから、紹介している回数をこなす前に疲れてしまうことも。回数はあくまでも目安なので、ムリせず自分の調子に合わせて行ってください。終わった時、血行が良くなったのを実感できて、心地よいくらいがベストです。筋肉痛になるまで頑張ったりしては、筋肉に負担がかかり過ぎるし、続けるのも難しくなってしまいます。

第1週目

まずは、表情筋をくまなく動かす！

基本フェイスニング

表情筋はやみくもに動かしても効果はありません。
コツは、正しく、バランス良く動かすこと。
まずは目・口・頬・首・あごの５パーツの筋肉の正しい動かし方から覚えましょう。
全てのフェイスニングの土台となるものですから、鏡を見ながら筋肉の動き方をチェックするとよいですね。
初めはうまくできなくても、焦らなくて大丈夫。
とにかく少しずつでも毎日続けることです。
続けるうちに筋肉の柔軟性が高まって、上手に動かせるようになります。

目尻に上まぶたがかぶさった“タレまぶた”や全体的なくすみ…。ほんの少しの衰えが、顔全体の印象を変えてしまう目元。皮脂腺や汗腺がほとんどないうえ、瞬きなどで毎日酷使される部位だけに、トラブルも出やすいのです。気になるお悩みを一掃しましょう。

効果 上まぶたのたれ下がりを防いで、ちりめんジワを目立たなくく。

注意点 目の治療中やコンタクトレンズ使用時は避けましょう。

1

「1、2、3、4、5」とゆっくり5つ数えながら、上まぶたを下げていきます。下まぶたは動かさず、意識を上まぶたに集中させ、上まぶたが下まぶたにつく一歩手前でキープ。うす目を開けた状態になります。

2

うす目のまま、上まぶたの筋肉が引き上がっていくのをイメージしながら、5秒かけて両眉を同時に真上に引き上げます。慣れないうちは左右の動きが揃わないこともありますが、まずはそのまま続けましょう。

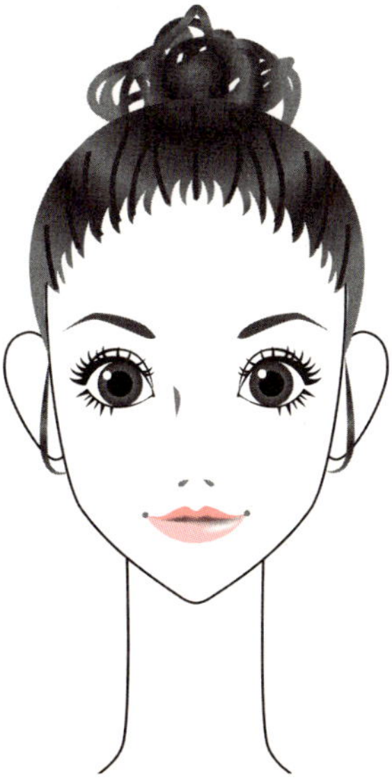

3

両眉が上がりきったところで5秒キープします。ゆっくりと眉を下げて上まぶたを戻し、自然な表情に戻します。1〜3をスムーズに3回繰り返します。

基本フェイスニング② 口

文字通り、口の周りを輪のように囲む筋肉で、頬やあごの筋肉と連動して様々な表情を作り出します。この筋肉が衰えると口元のたるみやシワ、唇の色のくすみなどが目立ち、一気に老け顔に。でも、裏を返せば、ココをしっかり鍛えれば見た目年齢を若く保つことができるのです。

効果 **口周りのシワやたるみ、ゆがみを防いで、キリッとシャープな口元に。**

注意点 **虫歯のある人、歯やあごの治療中の人は、痛みや不具合が出ないよう、気をつけて行いましょう。**

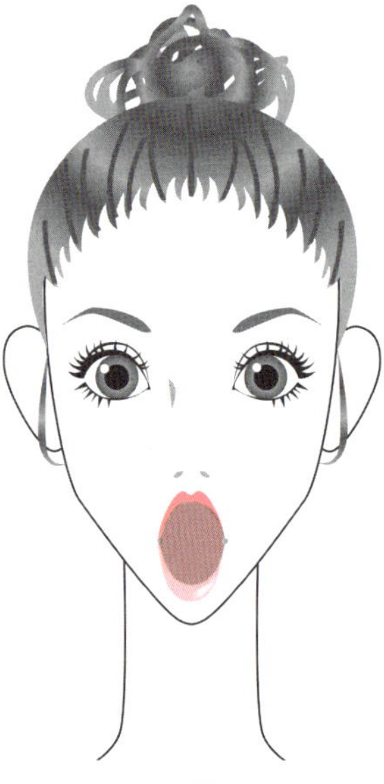

1

顔をまっすぐ正面に向け、口を縦方向にゆっくり大きく開きます。口の幅は変えず、上下に動かすのがポイント。カバが大口を開く時の動きをイメージして、あごに負担がかからないように開いていきましょう。

2

口を開いた状態で唇にグ～ッと力を入れながら、５秒かけてゆっくりと前へ突き出し、そのまま５秒キープします。口の周りを丸く取り囲む筋肉が、張りつめて緊張しているのを実感できます。

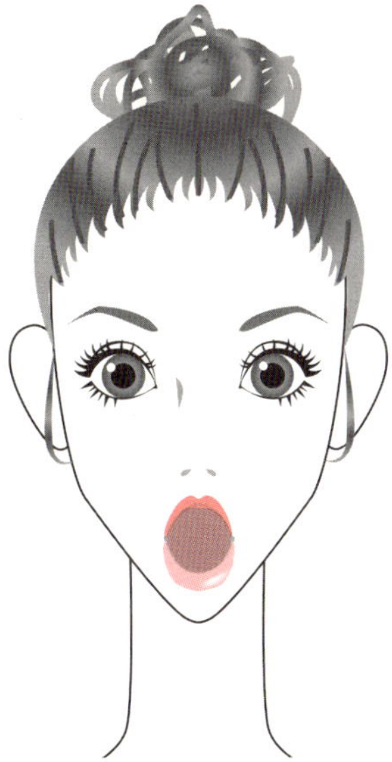

唇に力を入れて！

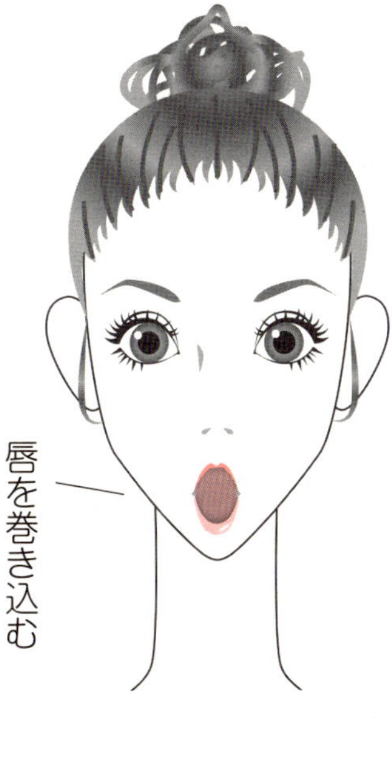

3

口に力を入れたまま、今度は５秒かけて唇を内側へ巻き込んでいきます。正面から唇が見えないくらいまで、口周りの筋肉をギューッと絞りこむような意識で。そのまま、５つ数える間キープします。
巻き込んだ唇をゆっくりと元に戻してから口を閉じ、自然の表情に戻ります。１～３をスムーズに５回繰り返します。

基本フェイスニング③　頬

耳下のあごの接合部付近から、口の両端に向けて伸びている幅広い筋肉です。顔の中でも脂肪の多い場所だけに、ここを動かさないでいると年齢と共に加速度的にたるみが進んでいってしまいます。筋肉のゆるみを解消すると同時によぶんな脂肪を落として、ハリのある顔を目指しましょう。

効果　**頬のたるみを予防して、すっきりとした顔に。**

注意点　**空気を吸い込む時､口角が下がらないように気を付けましょう。**

1

唇を閉じ、５秒かけて頬をへこませながら唇を前に突き出していきます。口の中に含んだ空気を、残らず吸い込むようなつもりで。

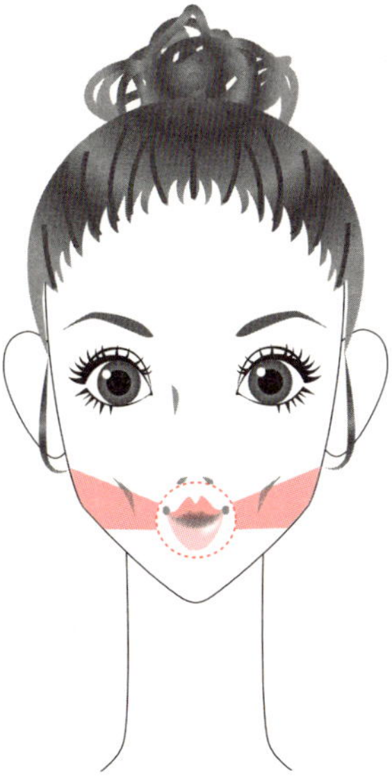

2

歯と頬の粘膜がピタッと吸いついたように密着したら、そのまま5秒キープします。頬筋がピーンと張りつめて、緊張しているのを意識しましょう。

3

唇はすぼめたまま、今度はゆっくりと頬に空気を溜めていきます。頬がパンパンになったら5つ数える間キープ。ゆっくりと息を吐き出しながら、自然な表情に戻します。1〜3をスムーズに5回繰り返します。

基本フェイスニング④　あご

自分の横顔を鏡に映して、正面から見た顔と違うと感じたら、それはあごのたるみが原因かもしれません。咬筋は頬骨下からエラの辺りに縦に伸びた、物をかむ時に使う筋肉。柔らかい食物ばかり食べている現代人は弱りがちですから、鍛えてシャープな輪郭を取り戻しましょう。

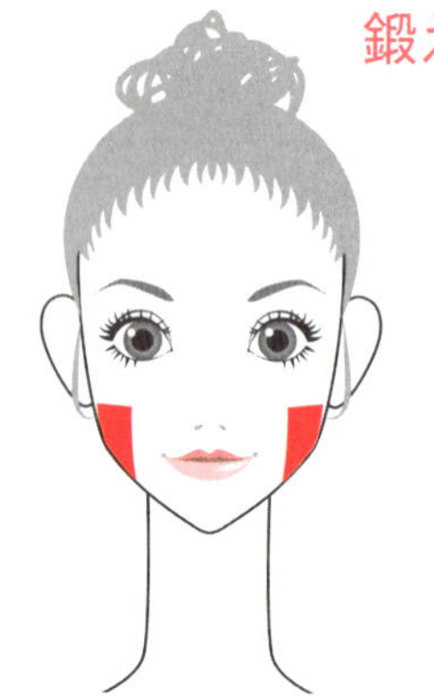

効果　**あごのたるみを予防して、フェイスラインをシャープに。**

注意点　**奥歯に虫歯がある人、歯の治療中の人は気をつけて行いましょう。**

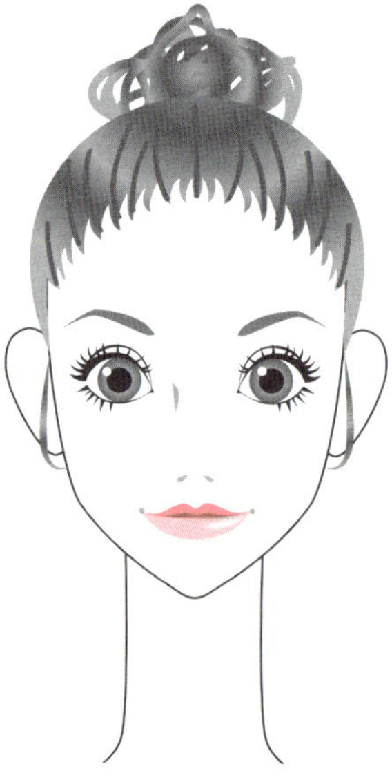

1

顔は正面に向けて奥歯を軽く噛みあわせ、唇は軽く閉じます。まだ力は入れません。

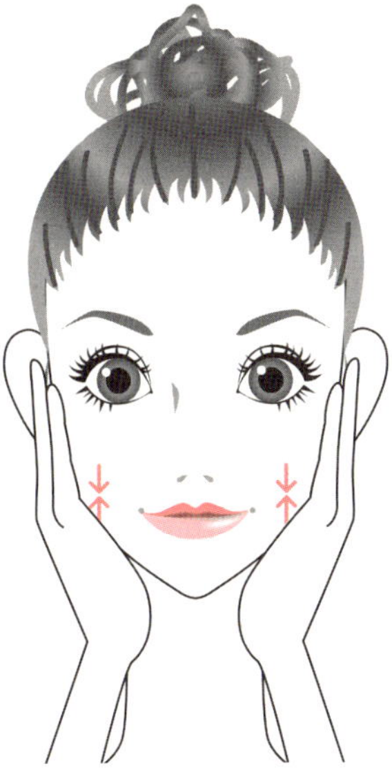

2

５秒かけて奥歯にゆっくりジワジワと力を入れ、噛みしめていきます。このとき、唇は横に引かないこと。両手をエラのあたりに軽く当てて、咬筋が縦に盛り上がるのを確かめましょう。

3

この状態を５秒キープした後、５秒かけてゆっくりと自然な表情に戻します。１～３をスムーズに３回繰り返します。

基本フェイスニング⑤　首

「年齢は首に出る」とはよくいわれることですが、もともとある3本の溝が深くなったり目立ってきたら要注意。首のたるみの始まりです。下あごから首前面を覆い、胸上部まで続く広頸筋のトレーニングで、スッと伸びたほっそりラインを手に入れられます。

効果　**首のシワ・たるみを予防し、ほっそりした首を保つ。**

注意点　**首を傷めている人は、手を添えて支えるなど、負担を減らしながら行ってください。**

1

5秒かけてゆっくり顔を上に向けます。天井と平行になるところでストップ。普段こんな風に伸ばす機会が少ない筋肉なので、この動きだけでも効いている実感が。

2

そのままの状態で、首の筋肉を上に引き上げるのをイメージしながら、５秒かけて下唇を上に向けて突き出します。こうして意識しながら動かすことで、効果がグンとアップ！

3

下唇はそのままで、今度は上唇を５秒かけて突き出します。上下の唇がめくれた、アヒルの口のようなこの格好を５秒キープし、ゆっくり唇と顔を自然な位置に戻します。１～３をスムーズに３回繰り返します。

犬童文子のフェイスニング Q&A

その1

Q1 フェイスニングって何？

A 顔に 30 数種類ある筋肉（表情筋と咀嚼《そしゃく》筋）を鍛える美容法です。このトレーニングによって顔の血流をスムーズにし、新陳代謝をアップさせることで、肌のハリやツヤとシャープなフェイスラインを取り戻し、美しく豊かな表情をつくれるようになります。また、長年のクセによるゆがみやこわばりも解消することが。特別な道具もお金もいらない、化粧品にも頼らない究極のアンチエイジング法といえます。

Q2 何歳から始めても効果はある？

A 筋肉を鍛えるのに、決して遅すぎるということはありません。体のトレーニングと違って体力は必要ありませんし、鍛え方次第で何歳になってからでも若さを取り戻すことができます。運動を続けている人の体年齢が実年齢より若々しく見えるように、フェイスニングで鍛えることで、顔年齢もグッと若返るのです。

Q3 一日に何分くらい行えばよい？

A 最初は３～５分程度でＯＫ。というのは、長く運動習慣のなかった人が突然体を動かすと、筋肉痛を起こしたり、筋肉を傷めてしまうことがあるように、急に表情筋を長く動かすと、それと同じような状態になることがあるからです。また、最初から頑張り過ぎると、疲れて長続きしないということも。毎日続けることが大切なので、初めは３分くらい、「気持ちいい」と感じるところで止めて、慣れてきたら 15 分を目安に行ってください。

……Ｑ＆Ａは P78 につづきます。

第2・3週目

パーツ別に悩み解消！

応用フェイスニング

ピンとハリのある目元。
キュッと引き締まったフェイスライン。
ほうれい線を気にしなくてもいい、たるみのない頬。
スッと美しく伸びた首すじ。
そんな理想に近づくために、さあ、もうひと頑張り。
新たにフェイスニングを追加してみましょう。
基本を習得しているから、次のステップにも
スッと入っていけるはず。
2週間続けたら…うれしい結果が返ってきますよ！

応用フェイスニング① 目

すっぴんの目元が、なんとなくぼやけた感じになったら、このフェイスニングです。眼筋とは眼球を動かす筋肉。意識的に動かしてあげることで涙を出やすくし、うるんだ美しい瞳を作ります。また、ドライアイや疲れ目を防ぐ効果も。パソコンに長時間向き合う人などにもオススメです。

効果 **疲れ目を解消し、スッキリとした目元を作って目ヂカラUP。ドライアイの予防・改善。**

注意点 **目の治療中やコンタクトレンズ使用時は避けましょう。**

1

眼球で三角形を描くように、上、右、左、上の順番にゆっくりと動かします。
逆も同様に。左右の順序は逆でも OK。

2

眼球を中心からゆっくりと右斜め上、左斜め下、左斜め上、右斜め下の順番に動かします。左右の順序は逆でもOK。

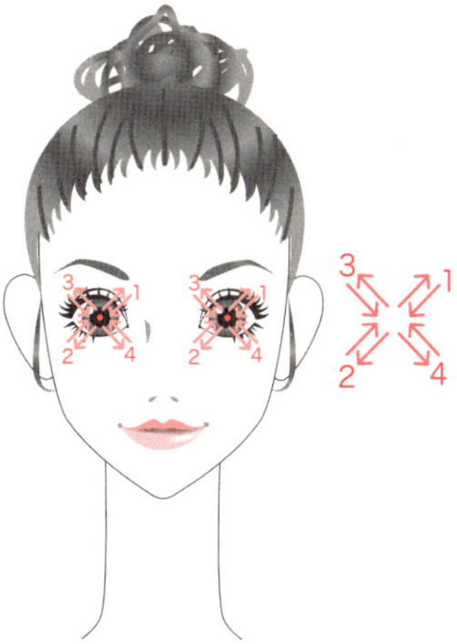

3

眼球をゆっくりと右回り、左回りに360度ぐるりと大きく動かします。

4

軽く目をつぶり、徐々に目もとに力を込めながら、目の中心に向けてギューッと絞りこんでいきます。5秒間そのままキープして、ゆっくりと自然な表情に戻します。

応用フェイスニング② 目

小ジワやたるみ、クマなど、目元には何かとトラブルが出やすいもの。これは目元は皮膚も筋肉も薄く、筋力も弱いためです。そこで上まぶた、下まぶた、アイホール、涙袋を含む目の周りの筋肉を強化するこのフェイスニングを。弾力を取り戻してハリのある目元を作ります。

効果 **小ジワやクマ、まぶたのくぼみ、タレ目尻などを解消。**

注意点 **目の治療中やコンタクトレンズ使用時は避けましょう。**

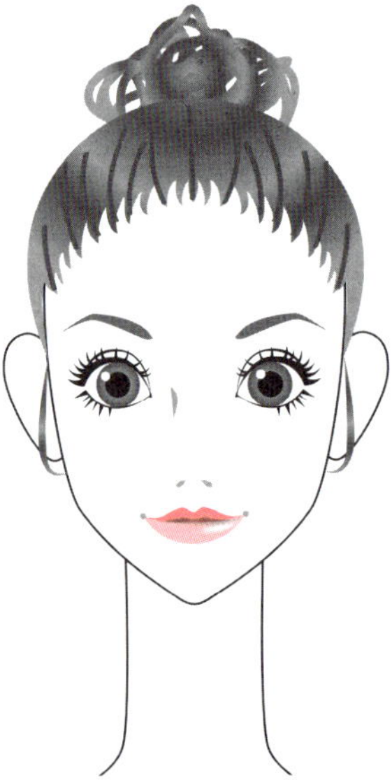

1

顔は真正面に向け、まっすぐ前を見ます。キョロキョロしないで視線を一点に集中させ、目の周りに輪のように筋肉があることをイメージしましょう。

2

下まぶたを引き上げるような意識で、少しずつ目を細めていきます。慣れないと額や頬の筋肉も一緒に動きがちですが、ここでは目の周りの筋肉以外は動かさないのがポイント。

3

目を完全に閉じる一歩手前で止め、眼輪筋を緊張させたまま５秒キープし、ゆっくりと最初の表情に戻します。１～３をスムーズに５回繰り返します。疲れを感じる場合は無理をせず、休んでから再開してもOKです。

応用フェイスニング③　目

水分を摂り過ぎたり、お酒を飲み過ぎた翌朝、「わ、まぶたが腫れぼったい！」。代謝が良く健康な状態なら、こんなことは起きません。アイホールに沿ってあるドーナツ状の筋肉を鍛え、スムーズな代謝を促しましょう。腫れがなかなか引かない朝もこのエクササイズで筋肉を刺激すると、早く元に戻せます。

効果　**まぶたのむくみをとって、スッキリした目元に。**

注意点　**目の治療中やコンタクトレンズ使用時は避けましょう。**

1

顔は正面に向け、５秒かけて上まぶただけをゆっくりと下ろして目を閉じます。

2

上下のまつ毛の生え際を意識しながら、まつげのキワだけにキュッと力を入れます。ビューラーでくるんとカールしたまつ毛をイメージします。

3

５秒かけてまぶたで眼球をじわじわと押していきます。指の腹をあててまぶたが眼球に密着する感じを確かめ、そのまま５秒キープ。眉間や口元には力を入れず、まぶただけに力を入れるようにします。その後、自然な表情に戻します。１～３をスムーズに３回繰り返します。

応用フェイスニング④　口

ニッコリと笑った時、口がへの字になってしまうなら、ぜひこのエクササイズを。口角を引き上げるのは、目尻から頬を通って口の両端まで斜めに伸びた大きな筋肉です。ちょうど頬上部のあたりはシミができやすいので、美白コスメでケアすると同時に、筋肉を鍛えて新陳代謝を良くすれば、今あるシミが薄くなることも期待できます。

効果　**頬のこわばりがほぐれ表情美人になる。肌細胞の活性化。美白ケア。**

注意点　**口角の方を唇の中心よりも高くしましょう。**

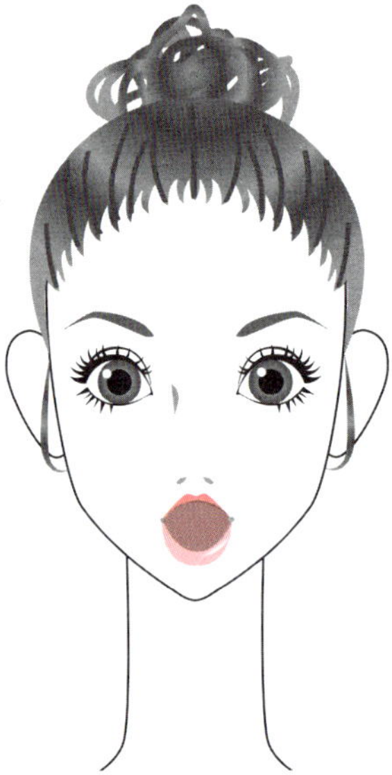

1

顔はまっすぐ正面に向け、5秒かけて口を軽く縦方向に開けます。頬の筋肉の動きを意識しながら、ゆっくりと動かしましょう。

2

口を開いたまま、5秒かけて思い切り口角を引き上げていきます。口角が上唇の高さより上がり、歯と頬の粘膜の間に空間ができるようにするのがコツ。頬がピンと張ったところで5秒キープします。

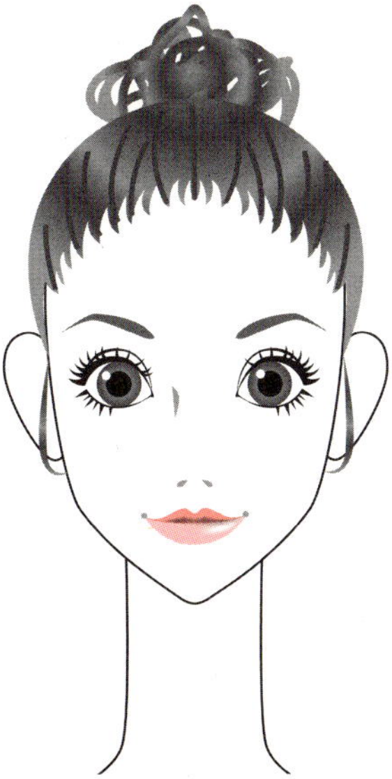

3

ゆっくりと自然な表情に戻します。1～3をスムーズに3回繰り返します。慣れるまでは目元の筋肉も一緒に動いてしまいがちですが、徐々に頬の筋肉だけを動かせるようになります。

応用フェイスニング⑤　口

今はさほど気にならない口元のハリのなさやたるみ。ほうっておくと将来、唇の上の小ジワにつながります！　舌を使うだけの簡単エクササイズで、今から備えを始めましょう。ドライマウスや歯茎のベタつきなど、口中のトラブル解消にも効果的です。

効果　**だ液の分泌をよくし、口臭を抑えたり、発音、そしゃく、えん下の作用を助ける。**

注意点　**舌を唇につけないようにしましょう。**

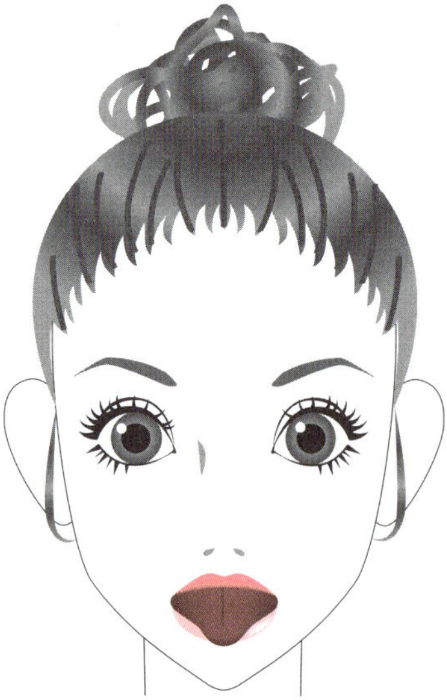

1

口を軽くあけて、舌を突き出します。舌先に力を入れながら、唇に触れないように突き出します。

2

突き出した舌の力をゆるめます。
1，2を3回繰り返します。

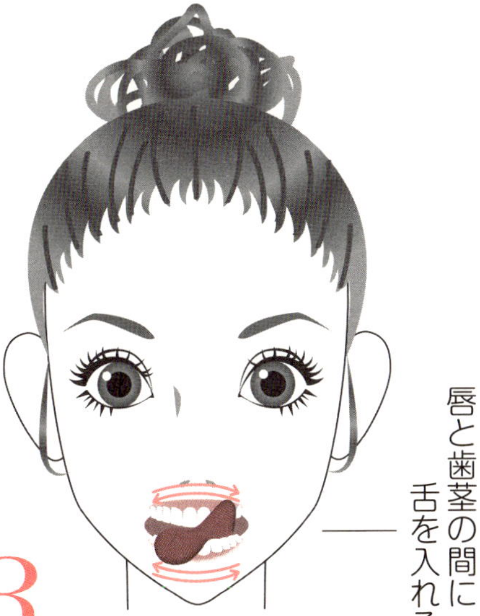

3

舌を口に戻して下唇と歯茎の間に入れます。3回なぞります。
上唇と歯茎の間も同様に3回なぞります。

4

舌を上唇と歯茎の間において、そのまま舌をいつもの位置に戻します。

応用フェイスニング⑥　頬

小鼻から口角にかけてくっきり刻まれたほうれい線は、それだけで老けた印象を与えてしまうもの。このラインを目立たなくするには、目尻のあたりから上唇にかけて細く伸びた筋肉を鍛えて、頬のたるみを引き上げるのが効果的です。のっぺりした頬にメリハリが生まれ、笑顔もステキになること、うけあいです！

効果　**ほうれい線の予防・解消。**

注意点　**目の治療中やコンタクトレンズ使用時は避けましょう。**

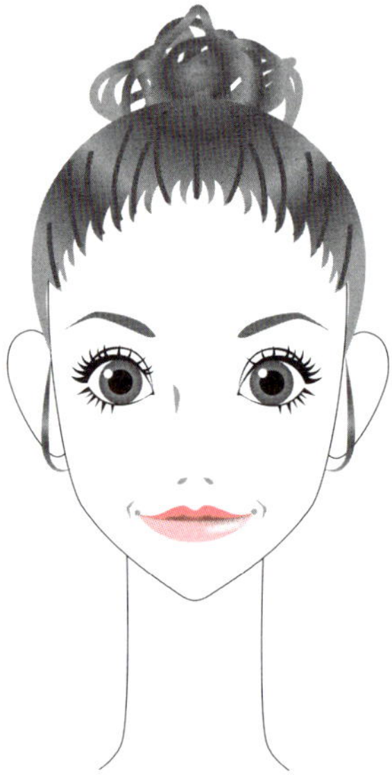

1

唇を軽く閉じ、両方の口角をゆっくりと引き上げて、笑顔を作ります。

2

唇を閉じたまま、左の口角を元の位置にもどしながら、右の口角をさらに斜め上に引き上げます。ヒョットコのお面みたいな顔をイメージして。右側の筋肉は縮め、左側はほうれい線が消えるように伸ばしきります。

さらに口角を上げて！

3

この状態で右目だけを5秒かけて閉じていき、そのまま5秒キープしたら口角を下げ、右目も開けて自然な状態に戻します。筋肉の伸縮を感じて下さい。左側も同様に1から行います。1～3をスムーズに3回繰り返します。

応用フェイスニング⑦ あご

つくり笑いや、素直な感情とは一致しない表情をする機会もありますが、それが原因で口元にゆがみが出る場合もあるのです。頬骨の下にあるこの筋肉を鍛えましょう。普段はめったに動かさない筋肉だけに、初めはあごに疲れを感じますが、正しく動かせばそれだけ効果も出やすいのです。

鍛えるのはココ！

翼突筋《よくとつきん》

効果 **口元のゆがみ改善、フェイスラインのたるみ解消。**

注意点 **歯の治療中、虫歯のある場合は気をつけて行いましょう。**

下唇を突き出す

1

口を3ミリくらい開けて、下唇を心持ち前へ突き出します。横から見ると、軽く受け口になった状態です。頬骨の下に2枚の翼を広げたような形の筋肉（翼突筋）があるのをイメージします。

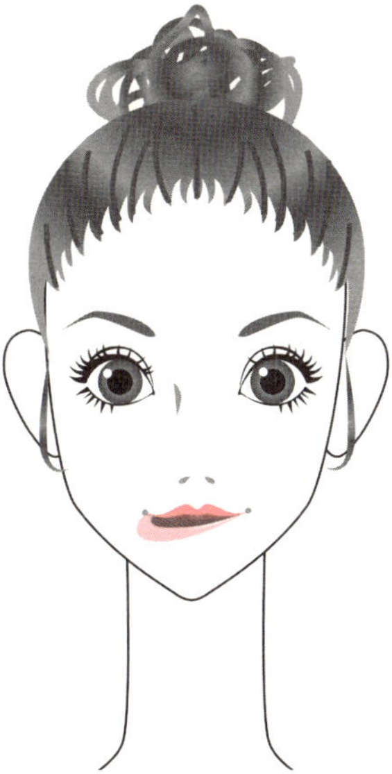

2

人中（鼻の下の溝）を動かさないように気をつけながら、下あごだけを５秒かけて右へ水平に動かします。下唇が上唇にこすれるような意識で。左側の翼突筋が緊張しているのを実感できます。

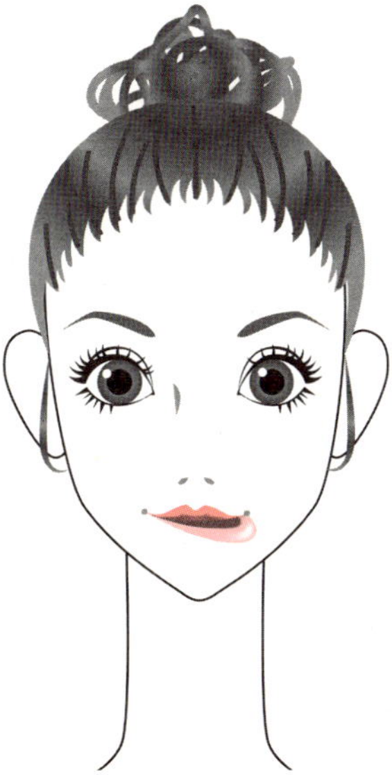

3

ゆっくりと元に戻したら、今度は左側。５秒かけて下あごだけを左へ水平に動かします。２と３をスムーズに５回繰り返したら、自然な表情に戻します。疲れたら休みをとり、ムリせず自分のペースで行います。

応用フェイスニング⑧　あご

年齢とともに、もたついた感じになるフェイスラインは、あごの先から耳の付け根にかけてついている“二腹筋”を鍛えることで解消できます。本来は下あごを下げる働きをしますが、前ページの翼突筋と同じく普段はあまり使われないため、意識して動かす必要があります。

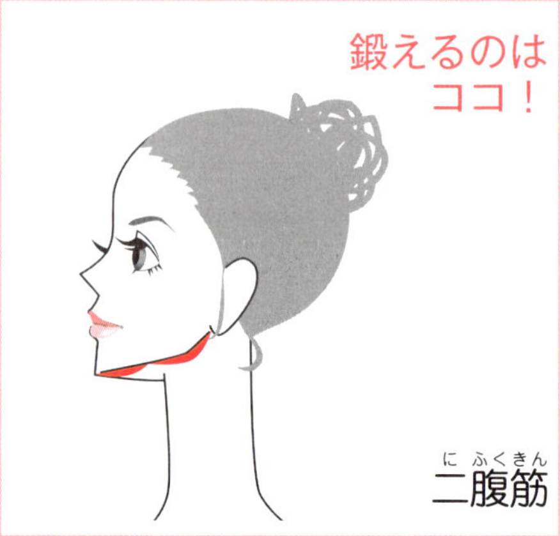

効果　**フェイスラインをすっきりと整える。**

注意点　**首を傷めている人は、手で支えるなど注意しながら行ってください。**

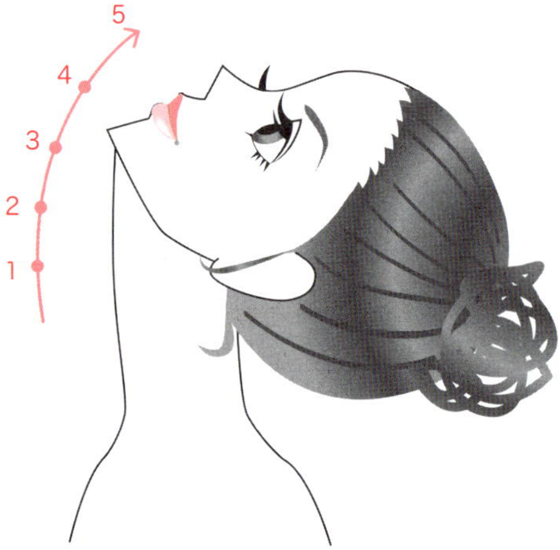

1

背筋を伸ばし、5秒かけて顔を上へ向けていきます。ジワッと伸びる喉の筋肉（広頸筋 P.44参照）に意識が行きがちですが、ソーセージを2本つなげたような形の二腹筋をイメージして意識を集中します。

2

顔は上に向けたまま、「1、2」のタイミングで、口を縦方向に開きます。

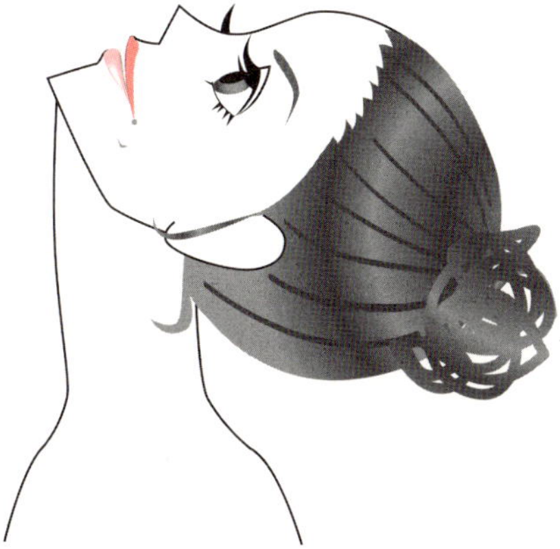

3

そのまま、今度は横に大きく引いていき、いっぱいまで開いたら、そのまま5秒キープ。フェイスラインに沿った下あごの筋肉が伸びているのが実感できたら、正しく動かせている証拠。「1、2」で口を閉じ、ゆっくり元の状態に戻します。

応用フェイスニング⑨　あご

正面を向いているだけで二重あごになるのは、あご下にある三角形の筋肉が衰えているから。地面とほぼ平行になっていて重力や引力の影響を受けやすく、たるみの原因になるのです。しっかりと動かして、スッと引き上がった曲線の美しいあごを目指しましょう！

効果　**二重あご解消。**

注意点　**首を傷めている人は、手を添えて支えるなど、注意しながら行いましょう。**

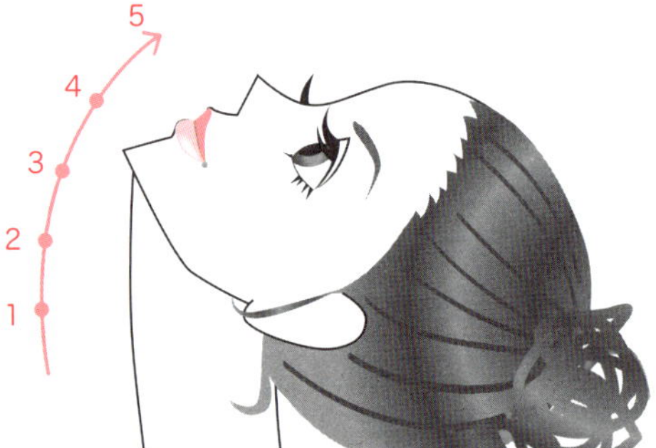

1

背筋を伸ばし口は閉じたまま、5秒かけて頭を後ろに倒し、顔を上のほうに向けていきます。あご下の筋肉がピンと伸びきったのを感じたら、そのままキープします。

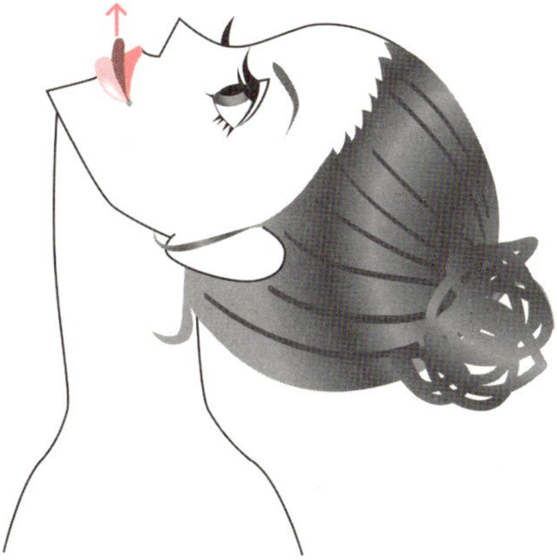

2

心の中で「1、2」と数えながら口を軽く開き、舌を上に向け、5秒かけて突き出します。舌先をとがらせ、上に向かってまっすぐに突き上げます。その状態を5秒キープします。

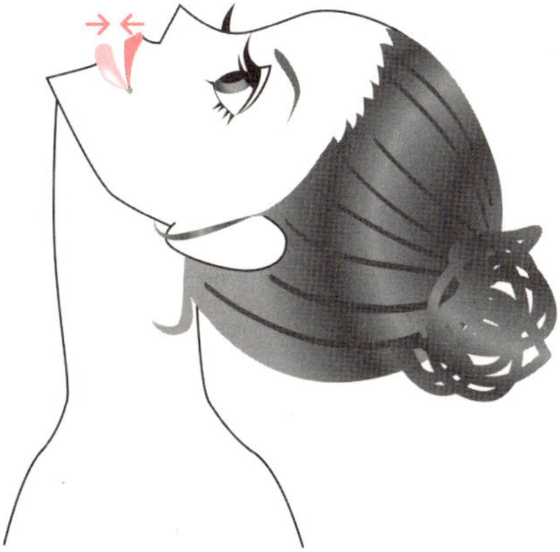

3

「1、2」で舌を引っ込めて、口を閉じます。あごをゆっくりと下げて、頭を元の位置まで戻し、正面を向きます。1～3をスムーズに3回繰り返します。

応用フェイスニング⑩　首

美しいフェイスラインのためには、顔を支える首のケアも大切です。元々ある３本の横ジワが深くなったり、小ジワが出てきたら老化のサイン。胸骨と鎖骨から耳の後ろまで伸びる筋肉をストレッチして、疲れを取り除き、ハリのある美しいネックラインに！

効果　**首のシワやたるみの予防。首コリの解消。**

注意点　**首を傷めている人は手を添えるなどして、注意しながら行ってください。**

1

姿勢を正して、あごを心もち引き気味にします。目線はまっすぐ正面に向けます。

2

あごの位置を保ちながら、5秒かけて首だけを右方向に回します。首の左側にくっきりと筋が出たところで、5秒キープします。肩は動かさず、首だけを回すように意識して行いましょう。

3

ゆっくりと顔の位置を戻し、今度は首を左方向に回します。2と同様に、首の右側に筋が見えたところで5秒キープし、頭を正面に戻します。2と3を交互に5回繰り返します。

応用フェイスニング⑪ 首

ふとした瞬間に意外とゆるみが出る後姿。おなかやお尻のほか、首の後ろや襟足なども筋肉が弱るとぜい肉がつくので要注意です。ショートヘアやまとめ髪をする人は特に目立ちますから、首の後ろから背中にかけての筋肉を鍛えておきましょう。血流が良くなり、肩コリ解消も。気持ちいいですよ。

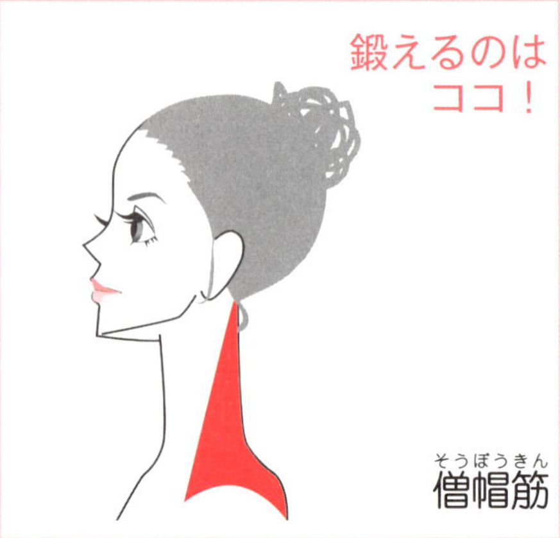

効果 **首の余分な脂肪やシワを防ぐ。肩コリや頭痛の解消。**

注意点 **肩や首を傷めている人は無理をせず、注意しながら行ってください。**

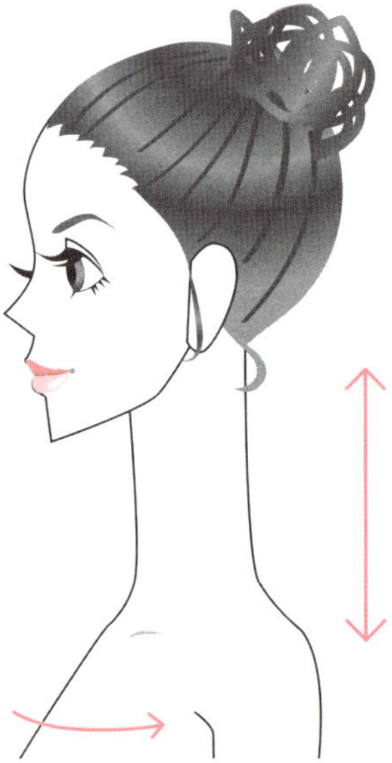

1

顔を正面に向け、背筋をピンと伸ばして姿勢を正します。首の後ろ側から背中にかけてひし形に広がった筋肉に意識を集中します。

2

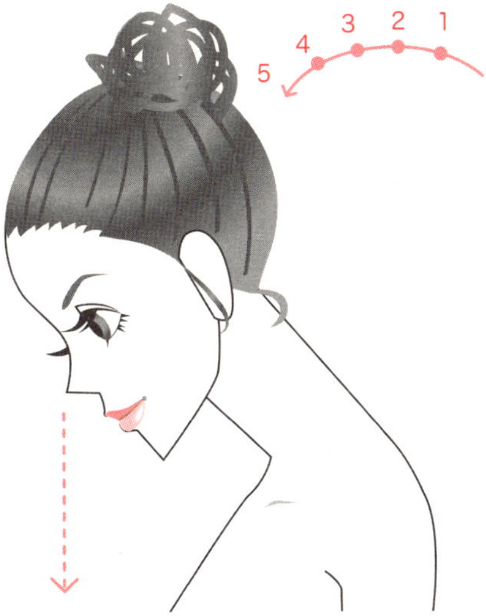

おへそのほうを見るような意識で、顔を５秒かけて前へ倒します。僧帽筋が伸びているのを感じとり、そのまま５秒キープします。５秒かけて顔を正面に戻します。

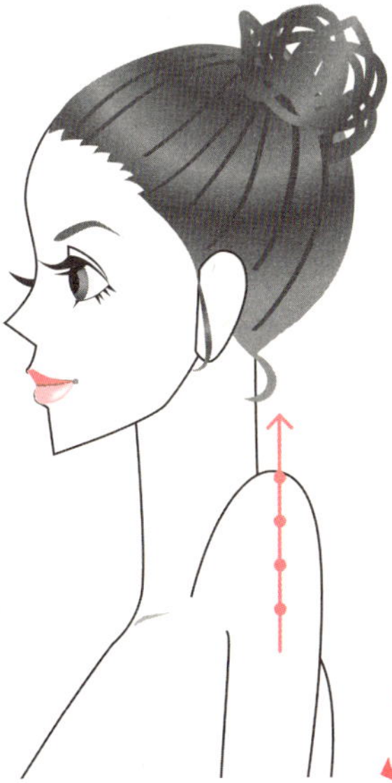

3

５秒かけて両肩を耳の近くまでグッと引き上げます。両肩の動きに合わせて僧帽筋が動くのが感じとれます。肩が上がりきったら、そのまま５秒キープします。

4

肩甲骨を縮めて、背中の真ん中でくっつけるようにしながら後ろに寄せ、斜め後ろに回すようにしながら、ゆっくり下ろして自然な姿勢に戻します。１から３を３回繰り返します。

応用フェイスニング⑫　額

鼻上部の付け根から両眉の中央あたりまで斜めに走る皺眉筋。ここがこわばって弾力がなくなった状態が、いわゆる“眉間の縦ジワ”です。神経質で暗い印象を与えてしまうこのシワも、鍛えてやわらかさを取り戻せば、今あるシワを薄くすることも十分可能です。

効果　**眉間の縦ジワを薄くして、顔の印象を明るく。**

注意点　**目の治療中やコンタクトレンズ使用時は避けましょう。**

1

両眉を５秒かけて内側斜め下に引き寄せながら、目を細めます。まぶしい時などにするように、眉間にわざと縦ジワを作る要領で。

2

目はそのままで、5秒かけて眉だけを斜め外に引き上げながら、縦ジワがなくなるように眉間をグッと広げます。慣れないうちは眉山に人差し指をあて、眉を斜め上に引き上げましょう。

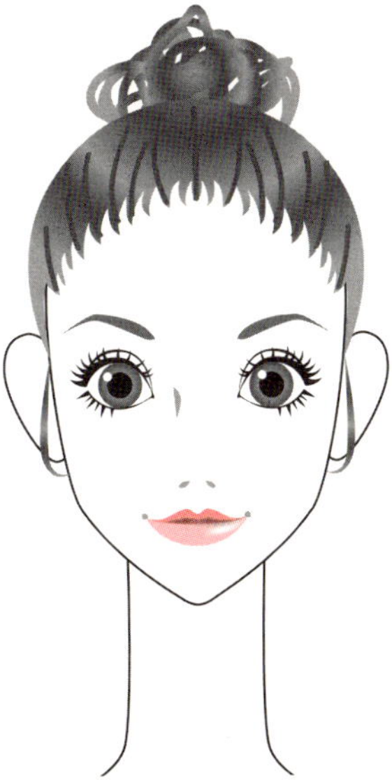

3

そのまま5秒キープし、ゆっくり自然な表情に戻します。1～3をスムーズに3回繰り返します。眉間の皺は視力が弱くなってしかめっ面になっていることが原因の場合もあります。思い当たる人は視力矯正を先に。

応用フェイスニング⑬　額

眉上から頭頂部にかけて縦に伸びる筋肉が前頭筋。これと対をなして後頭部から頭頂部に向かうのが後頭筋です。両者は連動して動くので、バランスが崩れると額の横ジワの原因に。頭の前後の筋肉を一緒に動かし、バランス良く鍛えましょう。血行も改善されるので、肌状態もアップします。

効果　**額の横ジワ防止、ニキビ・テカリ・抜け毛予防。**

注意点　**目の治療中やコンタクトレンズ使用時は避け、注意して行いましょう。**

1

顔は正面に向け、ゆっくり目を閉じていきます。まぶたがくっつくギリギリのところで止めてキープします。このとき意識は額と後頭部の筋肉に集中させます。ただし、頭は動かさないこと。

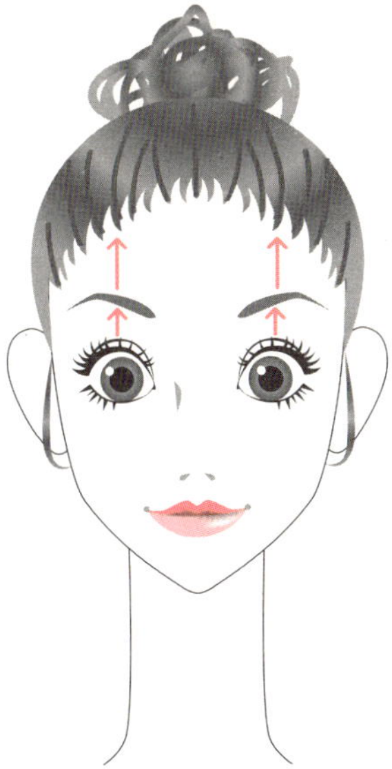

2

5秒かけて、瞳の上下にも白目が見えるくらい目を思い切り大きく見開きます。意識は頭の筋肉にも。前頭筋と後頭筋を、それぞれ頭のてっぺんの部分に引き上げるようなイメージで行いましょう。

3

そのままの状態を5秒キープします。額にわざとシワを寄せる動きをすることで、筋肉の弾力性を高めます。その後、ゆっくりと1の表情に戻します。1から3を3回繰り返します。

応用フェイスニング⑭　鼻

“スッと通った鼻すじ”は美人顔の絶対条件。もちろん人種や骨格によって違いはありますが、フェイスニングで整えることができます。鍛えるのは、両目の間から両眉の間にかけて縦に伸びた筋肉。横ジワができやすい部位ですから、衰えないよう、しっかり鍛えておきましょう。

効果　**鼻すじをすっきり保つ。鼻の付け根の横ジワ防止。**

注意点　**眉間を動かさないように行いましょう。**

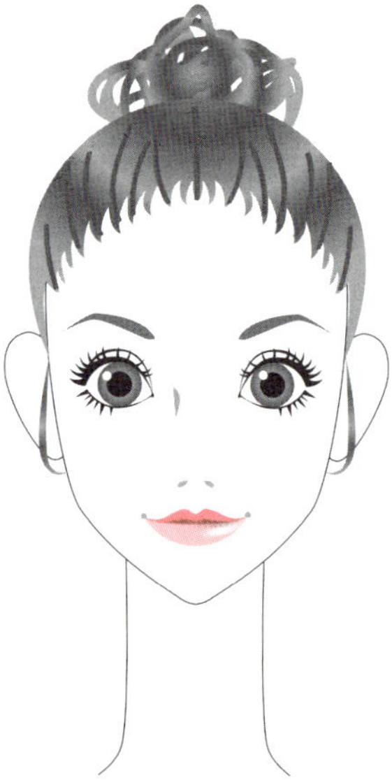

1

顔はまっすぐ正面に向け、鼻根部を意識します。自分の顔を鏡に映して確かめましょう。

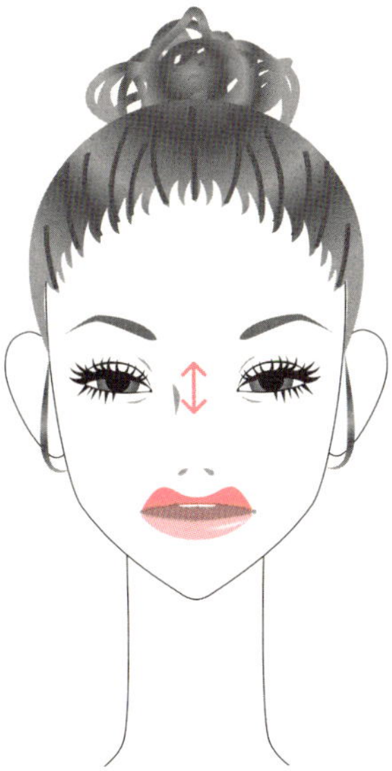

2

小鼻をひきあげながら同時に目をうす目にしていきます。5秒かけて、ゆっくり行いましょう。

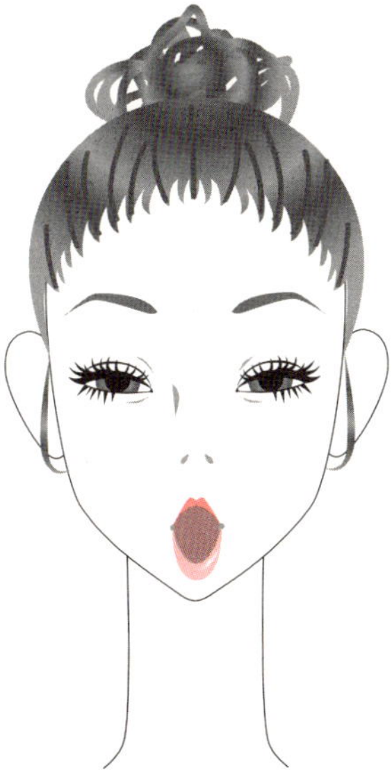

3

うす目状態のまま、今度は鼻根部を伸ばすような意識で眉全体を上に持ち上げます。同時に顔の下半分もゆっくりと下方向に伸ばします。そのまま5秒キープして、ゆっくりと自然な表情に戻します。1～3を3回繰り返します。

応用フェイスニング⑮　デコルテ・口《くち》

顔以外に衰えを感じる部分といえばデコルテ。重力の影響を受けて、バストの位置も下がり気味になります。これを食い止めるために鍛えるのは、胸の筋肉と連動して動く口角から下あごにかけての筋肉。同時に口元のたるみやゆるみも予防できるというおまけつきです。

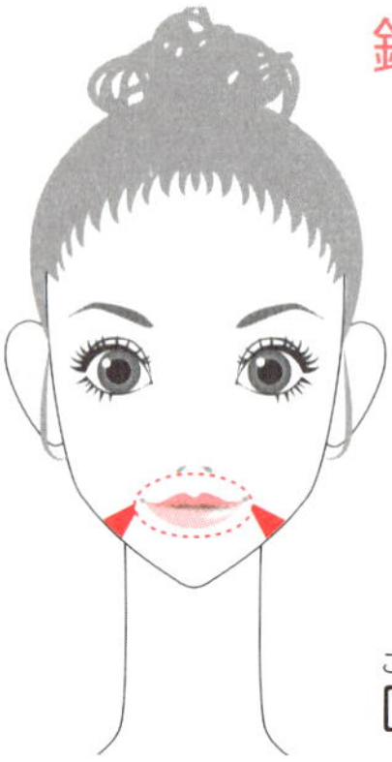

効果　**バストアップ。口角の垂れ下がり予防。**

注意点　**首を傷めている人は、力の入れ方を加減しながら行いましょう。**

1

姿勢を正して顔は正面に向け、唇は軽く閉じておきます。５秒かけて唇を前に突き出していきます。あご下の口角下制筋に意識を集中します。

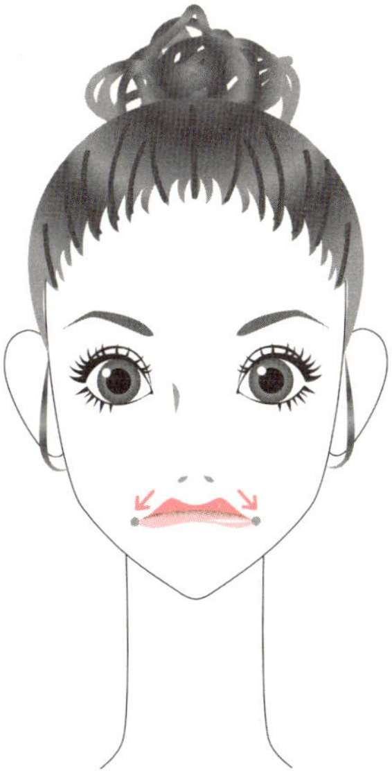

2

唇でへの字を作りながら、口の両端をジワジワと下げていきます。下唇を上唇にかぶせるようにすると、スムーズに動かせます。口角下制筋がピンと張り、緊張しているのを実感できます。

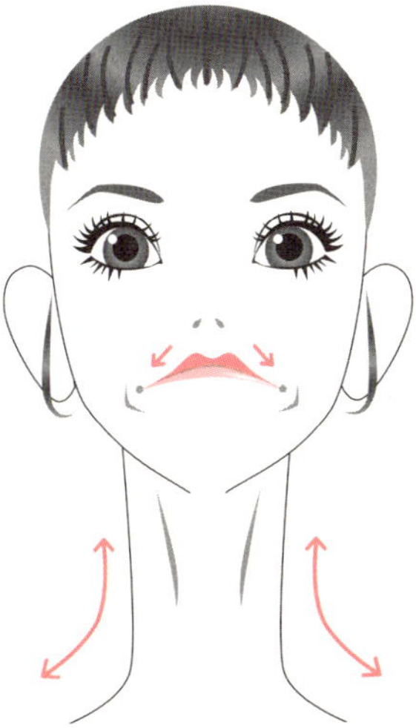

3

さらに口角にグッと力を入れ、首に筋が立つくらいピーンと張ります。この状態を５秒キープしてから、ゆっくりと自然な表情に戻ります。１～３をスムーズに３回繰り返します。

犬童文子のフェイスニング Q&A

その2

Q4 1日のうち、どの時間帯にやるのが効果的？

A 緊張すると表情筋がかたくなり、正しく動かせないので、リラックスしている時がおすすめ。体が温まって全身の筋肉がやわらぎ、表情筋も動かしやすくなっているお風呂上がりは最適です。習慣づけのためには、朝夕の洗顔後もよいでしょう。洗面所の大きな鏡を使って筋肉を確認しながらできるというメリットもあります。

Q5 気になるところだけ、1日に何度も鍛えてもいい？

A 時々、そんな日がある程度なら問題はありませんが、一部の表情筋は働きが良くなったけれど他は衰えたままでは、顔全体がアンバランスに。偏りを作らないためには、他の部位を鍛えるフェイスニングも少しずつ組み合わせていくことが大切です。最初はウォーミングアップと全顔フェイスニング（P.5参照）に気になる部分のフェイスニングを組み合わせる程度から始めても、最終的には顔全体の筋肉を鍛えることを目標にしてください。

Q6 どれくらいで効果が表れる？

A 平均して2～3週間で「変わった」と感じられる人が多いようですが、1～2か月かかる場合も。自分で効果を実感する人、他の人にいわれて初めて気づく人、効果が出やすい部位・出にくい部位など、本当にさまざまです。正しい方法でフェイスニングを続けていれば、「鏡に映った顔が今までと違う」と感じられる瞬間が必ずきます。焦らずマイペースで続けましょう。

Q7 どれくらいで思い通りに筋肉を動かせるようになる？

A 表情筋の状態は、その人の普段の表情のつくり方や噛みグセなどによるところがとても大きいので、なかなか一概にはいえません。ただ、フェイスニングを続けて少しずつ固さがほぐれ、柔軟になってくると、自分の思い通りに動かせるようになります。これは確実です。諦めずに続ければ、あなたの努力に筋肉はきっと応えてくれます。

Q8 ウォーミングアップとクールダウンは絶対に必要？

A どんなスポーツを例にとっても、始める前にはストレッチをしたり体をほぐす準備運動をしますし、終わったら筋肉にダメージを残さないよう、ストレッチやマッサージなどを行います。フェイスニングもそれと全く同じです。十分にリラックスできて柔軟性があれば別ですが、なるべくしたほうがよいでしょう。

Q9 フェイスニングと一緒にしたほうが良いことは？

A 筋肉は食べ物によってつくられているので、まずは栄養バランスのとれた食事をきちんと摂ること。代謝をスムーズにするために、十分な睡眠をとるのも大切です。要するに、生活習慣を正しくすることが、フェイスニングの効果アップにつながるのです。また、美肌づくりのための基本的なお手入れ（第３章）も忘れずに。

Q10 フェイスニングでトラブルが起こることは？

A コンタクトレンズ使用時や歯の治療中、体に傷めているところがある場合などに、フェイスニングをすると、トラブルの原因になることがあります。また顔の手術後などに、医師の許可なく始めるのも良くありません。各ページの注意事項を必ず守り、調子をみながら行うようにしましょう。

Q11 フェイスニング後、顔が疲れたような気がするのですが…？

A 今までほとんど使われていなかった筋肉を動かすことになるので、例えば口の周りがダルくなったり、頬のあたりが軽い筋肉痛になったりというようなことが、初めは起こるかもしれません。それは体の筋肉とまったく一緒です。フェイスニング前後にウォーミングアップとクールダウンを取り入れることで、ある程度解消されます。

Q12 忙しくて、なかなか継続できません。

A 効果を出したいあまり、意気込んで最初からたくさんのフェイスニングをやろうとすると、負担になってしまうこともあるかもしれません。基本から始めて徐々に増やしていけば、自分の生活スタイルに上手に組み込んでいけますね。着替えや特別な道具も必要ないので、やり方さえ覚えれば、時間や場所を選ばずにできます。“少しずつ”が自分なりのペースを作るコツです。

第3章

フェイスニング美人の習慣術

スキンケア、食事、生活…美肌はこうしてつくる！

犬童式フェイシャルマッサージ

洗顔

食

メイク落とし

睡眠

洗髪

キメの整った透明感のある素肌は、
誰もが憧れる、美人の絶対条件です。
前章でご紹介したフェイスニングと
並行して、
日々の基本的なスキンケアと、
食習慣・生活習慣も見直してみてください。
肌は細胞でできています。
生活習慣を美しくして、
細胞を元気にすることが
美人をつくるための早道なのです。

フェイスニング美人のスキンケア法則

最大のポイントは〝肌をゆすらない〟こと

フェイスニングによって表情筋の弾力が戻ると、新陳代謝が高まり、肌の状態が格段に良くなることは先にお話ししました。

さらなる美しい肌を目指すなら、表情筋を意識した正しいスキンケアの方法を覚えましょう。日々続けることで、フェイスニングとの相乗効果が期待できます。

美容情報誌やテレビで紹介されるマッサージなど、さまざまなお手入れ法を取り入れている方も多いでしょう。もちろん正しく行えば効果抜群。でも、自己流で続けていると、かえってトラブルの原因になってしまうということがあります。

そのひとつが、表情筋の走向（流れ）を無視したメイク落としや洗顔、マッサージです。「エエッ!?　筋肉に流れがあるの？」という驚きの声も聞こえてきそうですが、スポーツ選手のトレーナーを思い出してみてください。彼らは専門の知識に基づいて選手の筋肉を整えるわけですが、例えばマッサージを施す際には筋肉の流れに沿って行います。流れと逆に行えば、大切な筋肉を痛めてしまうこともあるからです。

表情筋も体の筋肉と同様に始まりと終わりがあり、流れに逆らうような動かし方をすれば、せっかくのお手入れが逆効果になってしまうのです。また、グイグイ力を入れ過ぎたり、皮膚の表面だけを引っ張るような動かし方をしていては、皮膚と筋肉との間にズレが生じて、かえってシワを増やしてしまうことにもなりかねません。

つまり、**大切なのは、皮膚を引っ張らないこと。そして、表情筋の流れに逆らわないこと。**私はこの2点をまとめて**「肌をゆすらないように」**といういい方をします。

これは、メイク落とし、洗顔、フェイシャルマッサージのどれについてもいえることです。具体的なやり方については次のページからお話ししていきましょう。

洗髪にもやり方がありますよ。食事、睡眠についてもフェイスニング美人の習慣をお教えしましょう。

「肌をゆすらない」がポイント！

メイク落とし術

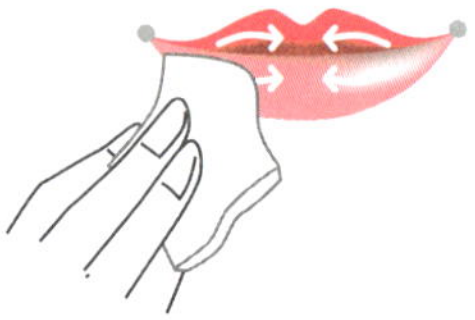

1

まず、アイメイクとリップメイクなどのポイントメイクを専用リムーバーで落とします。リムーバーを含ませたコットンで軽く押さえて汚れを浮かせてから、スッと横にすべらすようにします。ゴシゴシこすったり、周りに広げるのはNG。

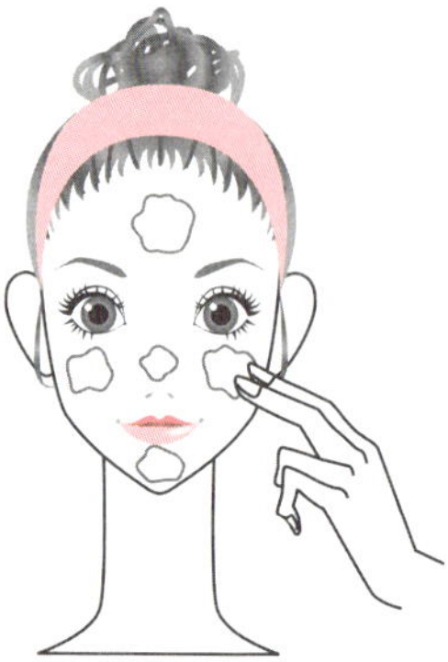

2

ここではクレンジングクリームを使った方法を紹介します。適量はサクランボ大。少なすぎると摩擦で肌を傷めるし、多すぎると指にまとわりついてやりにくいので、適量を守りましょう。額・両頬・鼻・あごの5か所にのせて、そっとのばします。

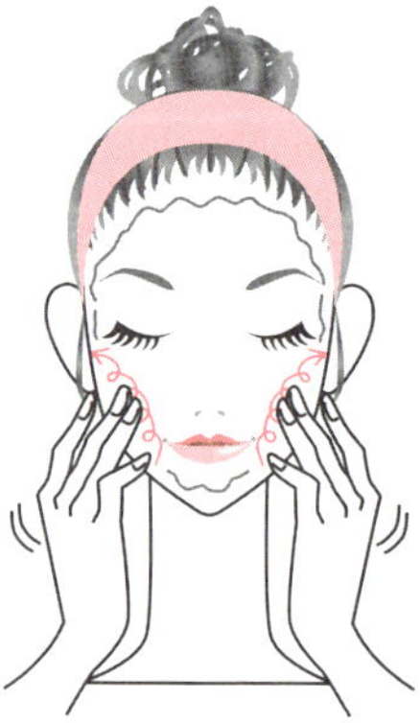

3

力加減のちょうどよい中指と薬指の腹で、くるくるとらせんを描き、メイクと皮脂汚れを浮き上がらせます。指先がふっと軽くなったら、クレンジング完了のサイン。長くやり過ぎると、せっかく浮いた汚れが毛穴に戻ってしまうので、約１分を目安に。

4

三角形に折ったティッシュペーパーのいちばん長い辺（輪の部分）を顔の中心線に合わせてのせ、顔の左半分を覆います。手のひらをのせて全体を押さえたら、人差し指と中指で目尻と目がしら→小鼻のくぼみ→口角の順に押さえ、もう1度手のひらで全体を押さえます。右半分も同様に。

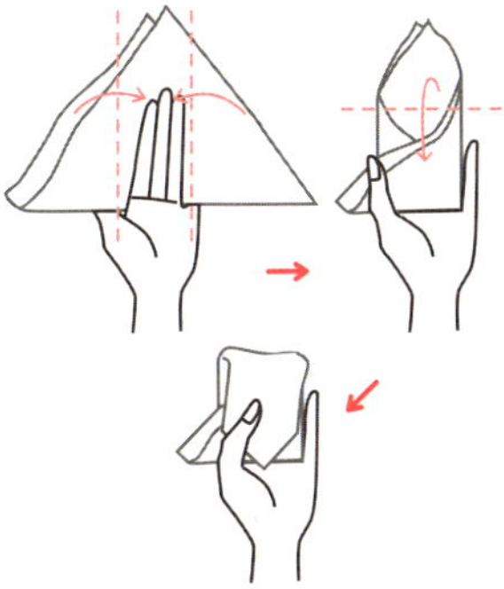

5

新しいティッシュペーパーを左のイラストのように折り、やさしく押さえるように髪の生え際やフェイスラインに残ったクレンジングクリームをふき取ります。

すすぎは最低でも20回！

基本の洗顔術

1

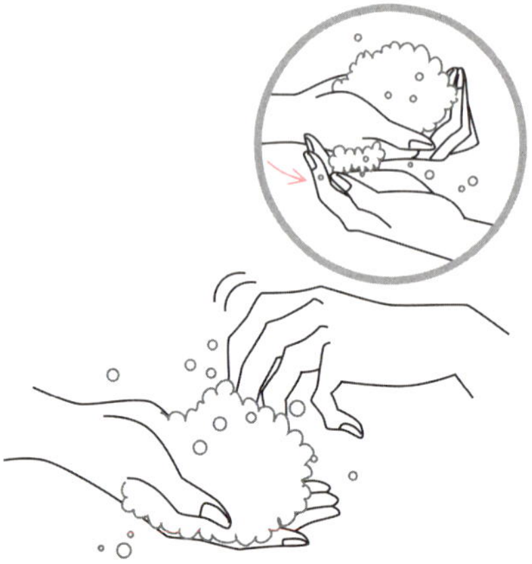

コツは洗顔料をしっかり泡立てて、きめ細かいモコモコの泡を作ること。洗顔料を手に取り、両手をすり合わせて泡を作ったら、片手に泡を集め、少量ずつ水を加えながら、泡に空気を含ませるようにホイップしていきます。両手をゴシゴシこすり合わせるのではなく、両手のひらの間をあけてやさしく泡立てるとうまくいきます。

2

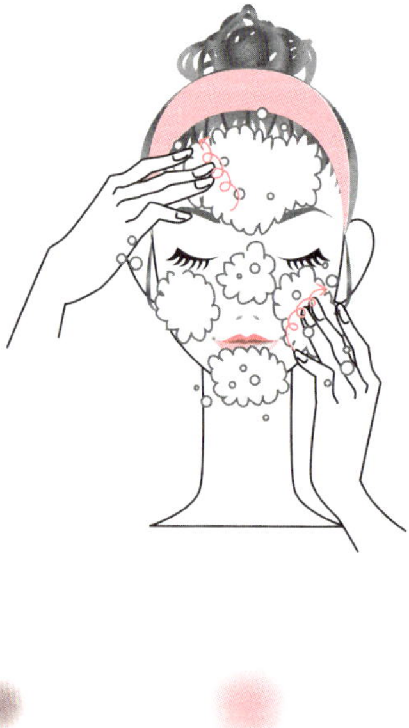

メイク落としと同様に、額・両頬・鼻・あごの5か所に泡をのせ、中指と薬指の腹で顔の中心から外側に向かってらせんを描きながら洗います。肌をこするのではなく、泡を伸ばしていく程度の軽いタッチで行いましょう。
すすぎは人肌程度のぬるま湯で、最低20回はしたいもの。生え際やあごの下などは洗顔料が残りやすいので念入りにすすぎましょう。最後に冷水ですすいで毛穴をひきしめ、清潔なタオルで軽く押さえるようにして、水分をとります。

筋肉の走向にそった

犬童式フェイシャルマッサージ

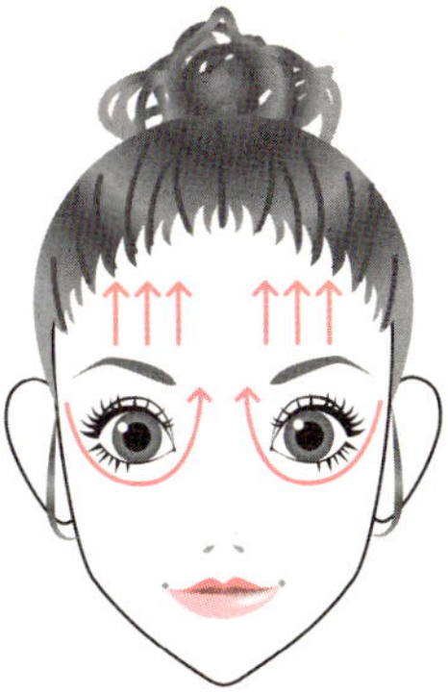

1

メイク落としや洗顔と同様に、5か所にマッサージ用クリームを伸ばしたら、中指と薬指の腹を使ってマッサージ開始。額の力を抜き、髪の生え際に向けて縦方向に動かします。次にこめかみから下まぶたを通って眉間へ。

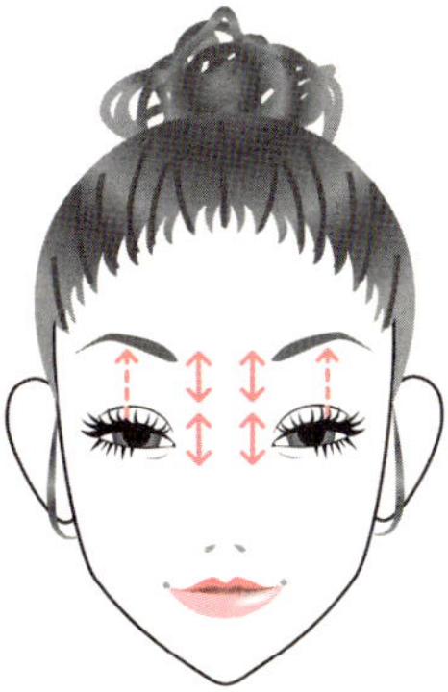

2

うす目を開けて眉を真上に上げ、両手で眉間を上下になでます。同じように眉を上げたまま、目の間を上下になでます。

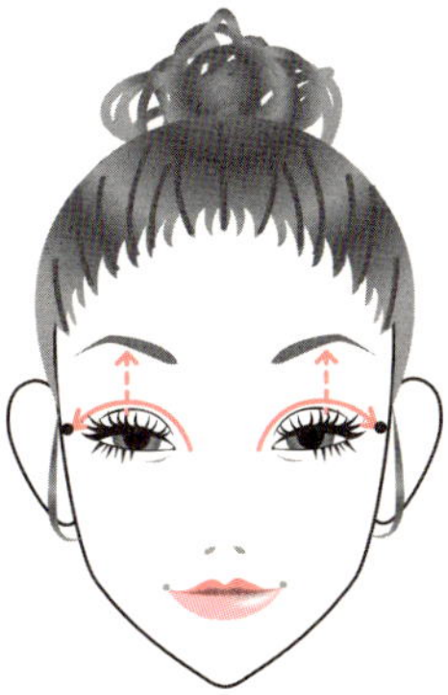

3

うす目で眉を引き上げた状態で、目頭から目尻に向けてやさしくなぞり、こめかみをやさしくプッシュします。

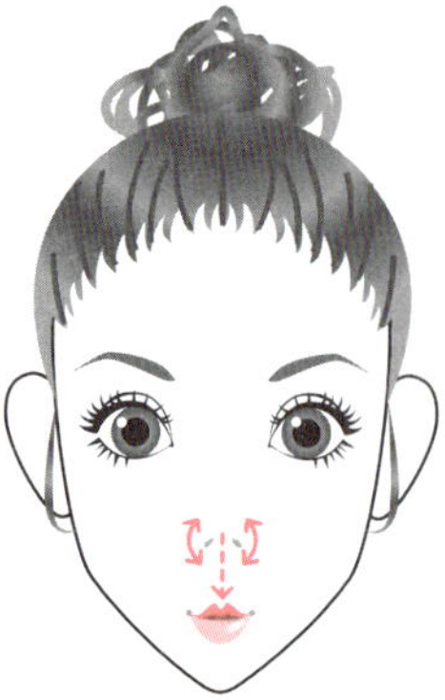

4

うす目の状態で鼻の下を縦方向に引き伸ばし、目がしらから目尻に向かってやさしくなぞったら、こめかみをプッシュ。

5

鼻の下を縦方向に伸ばした状態で小鼻にそって上下に指を動かします。

6

鼻の下を伸ばし、頬を斜めに持ち上げるような感じで、次の3本のらせんを描きます。①上唇から黒目の下に向けて。②上唇から目尻に向けて。③唇の両端から頬骨の上を通り、こめかみに向けて。最後にこめかみをプッシュします。

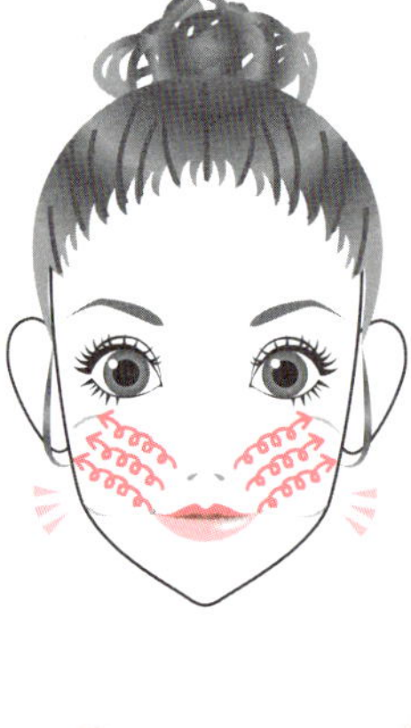

7

頬に空気を含んでパンとふくらませ、口の両端から両耳に向けてやさしいタッチで3本のらせんを描き、耳の下でプッシュします。

8

唇を内側にかるく巻き込んだ状態で、下唇の中央から唇の外側を通り、上唇の中央に向けて、小さな円を描くように指を動かします。

9

唇を内側にかるく巻き込んだ状態で、①あご先から唇の中央、②あご先から唇の両端に向けて、細かいらせんを描くように指を動かします。

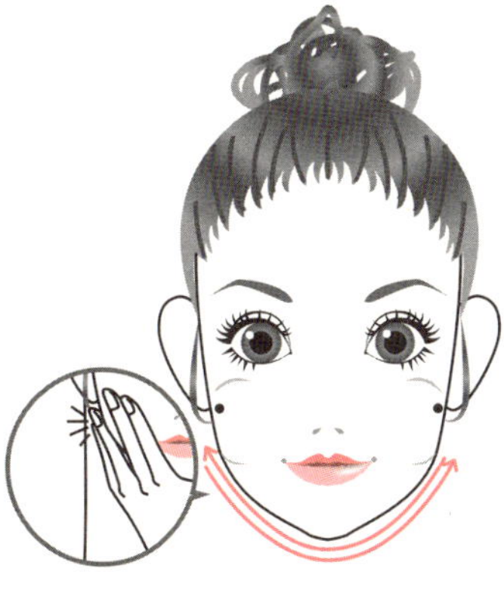

10

頬をパンと膨らませてあごを心もち上げ、中指と薬指でフェイスラインを軽くはさみます。右手は左耳の下からあご先を通り、右耳の下まで、左手は右耳の下からあご先を通り、左耳の下まで交互にすべらせます。仕上げに両耳の下のくぼみを気持ちの良い強さでプッシュします。

毛髪より頭皮が大切！

ジグザグ＆クルクル洗髪術

1

シャンプーは髪の汚れを落とすというよりは、頭皮の汚れを落とすのが主目的。ブラッシングで髪の汚れをザッと落としてから、手の平で泡立てシャンプーをのせ、軽く広げたら、まず生え際を洗います。人差し指、中指、薬指の３本の指の腹を使い、左右にジグザグを描くように地肌を洗います。髪をもみ洗いする人がいますが、傷むので、くれぐれもしないように。

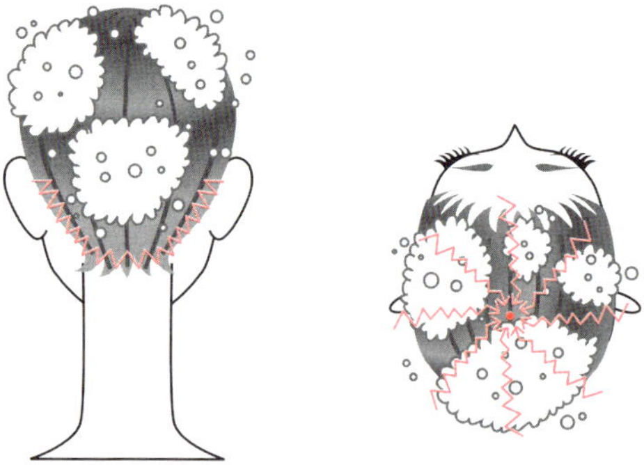

2

後ろの生え際も１と同様、ジグザグに洗ったら、今度は生え際から頭頂に向けて、毛流に逆らうように指を入れ、ジグザグに動かします。洗い残しのないように、四方八方から指を入れましょう。

3

ジグザグの次は円を描くように洗います。すすぎはとにかく念入りに。髪だけでなく地肌までしっかりとシャワーをあて、「もういいかな」と思ってから、もうしばらく流すくらいでちょうどよいくらいです。

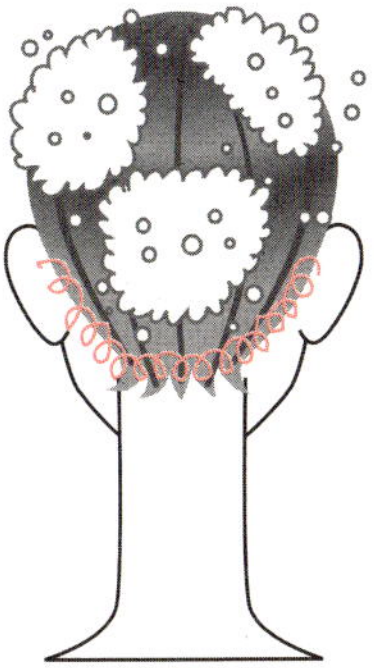

4

リンスやトリートメントは地肌にはつけず、髪だけになじませるようにします。コンディショナー（リンス）は毛髪につけたらすぐに流し、トリートメント剤はしばらくおいて、しっかりと浸透させます。どちらも丁寧にすすぎましょう。

体の内側から若くなる！美肌のための食習慣

細胞を元気にするための食事とは

フェイスニングで表情筋を鍛え、肌のお手入れをすれば十分かといえば、そうではありません。

健康な筋肉と素肌は、栄養分の行き届いた健康な細胞で作られています。そして、健康な細胞の源となるのがなんといっても食べ物です。私たちは食べ物から血液を作り、血管を通して体の各部分に流れて、細胞ひとつひとつに栄養を与えます。細胞は栄養を与えられることによってのみ活性化し、新しい細胞を生み出します。

この働きをスムーズにするためには、五大栄養素（炭水化物、脂質、タンパク質、ビタミン、無機物）バランス良くしっかり摂ることが重要です。

スリムになりたいからとひとつのものばかり食べる〝〇〇〇だけダイエット〟、カロリーは気になるけれど甘いものは止められないから、食事を抜いて

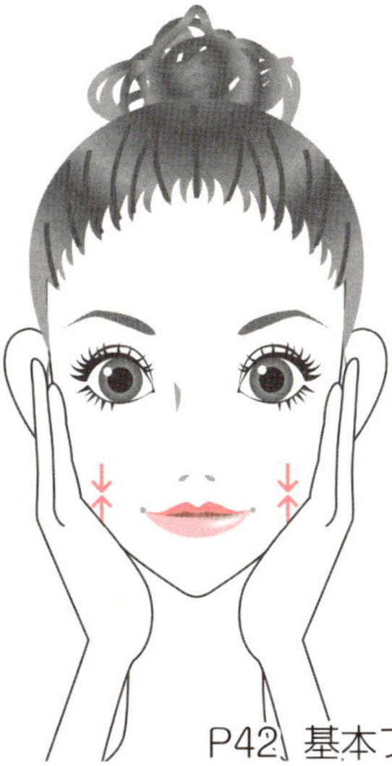

P42 基本フェイスニング④ あご

お菓子は食べる、なんていう食生活では、細胞は栄養不足で新陳代謝（ターンオーバー）をきちんと行うことができません。肌のアンチエイジングを考えるなら、まずは栄養バランスを考えることから始めたいものです。

食事中にもフェイスニング!?

現代人の表情筋の衰えには、食事内容の変化も大きく影響していると私は考えています。柔らかく、とろけるような食感のものが好まれるようになり、しっかり噛む機会が少なくなりました。咬筋のフェイスニングをご紹介しましたが、硬いものを食べるためにしっかり噛むと、あご周りにある咀嚼筋が鍛えられ、フェイスラインの引き締めに効果的です。

肌細胞が生き返る！美人度UPの睡眠習慣

「お肌にとってのゴールデンタイムは、午後10時から午前2時」というのは、美容の定説。こう呼ばれるのには理由があります。

この時間帯は肌細胞の再生が1日のうちで最も活発に行われますが、同時に成長ホルモンが盛んに分泌される時間帯でもあります。成長ホルモンとは乳幼児や成長期の子どもにのみ分泌されるものではなく、生涯を通じて分泌され続け、細胞の生まれ変わりや皮膚や筋肉、骨、毛髪の生成を助ける働きをしています。早い時間に布団に入り、ぐっすり眠れた翌朝は、肌の調子が違うと感じた経験が誰しもあることでしょう。それは肌細胞の再生が盛んになる時間帯に深く眠ることで、成長ホルモンの分泌が促進されて代謝がうまくいき、日中に受けた肌ダメージや疲れを回復できたという結果なのです。

忙しい女性にとって、10時に寝るのは至難の業ですが、〝肌は夜作られる〟と肝に銘じて、せめてその日のうちに眠りにつくことを心がけたいものです。

著者紹介

犬童文子（いぬどう ふみこ）

美容医学研究所『ソシエテ　ヴィザージュ』代表。表情筋＆美容研究家。鹿児島大学医学部付属病院生化学室在籍中に人体の生理、健康と美に関心をもち、医学に基づいた美容の研究を開始。美容と表情筋の研究に携わり「美容法＆顔の健康法＆表情改善法」に効果を発揮する顔のトレーニング法「フェイスニング」を開発する。
任天堂DSソフト『大人のDS顔トレーニング』を発売監修し大人気に。2010年には5カ国語に翻訳され、欧州圏にも活躍の幅を広げている。
「フェイスニングDVD」ほか、著書多数。
本書では、アンチエイジに効果的なフェイスニングを紹介した。
〈資料請求先〉ソシエテ　ヴィザージュ
HP　http://www.facening.com
FAX　03-5338-8337

10年《ねん》前《まえ》の顔《かお》をとりもどす！
アンチエイジ フェイスニング

2011年 2月10日　第1刷
2013年 3月10日　第4刷

著　者　犬童《いぬどう》　文子《ふみこ》

発行者　小澤源太郎

責任編集　株式会社 プライム涌光

電話　編集部　03(3203)2850

発行所　株式会社 青春出版社

東京都新宿区若松町12番1号〒162-0056
振替番号　00190-7-98602
電話　営業部　03(3207)1916

印　刷　大日本印刷　　製　本　フォーネット社

万一、落丁、乱丁がありました節は、お取りかえします。
ISBN978-4-413-11008-2 C0070